KB261208

어느 날 문득 손을 바라본다

이 책은 대한민국예술원의 2006년도 창작활동조성비 지원을 받아
제작되었습니다.

어느 날 문득
손을 바라본다

최일남 산문집

현대문학

차 례

1

2

3

1

어느 날 문득 손을 바라본다

책상 앞에 앉아 글을 쓰거나 독서를 하다 말고 망연히 손을 바라보는 수가 있다. 생각이 막힌달지 눈이 몹시 피곤할 때, 스트레칭과는 다른 '동작 그만'의 한 수작으로 젖먹이가 죄암죄암을 하듯 손바닥을 폈다 오므렸다, 엎어진 김에 쉬어가는 상념에 잠긴다.

공연한 버릇이되, 드물게는 펜대를 잡은 손에 느닷없이 쥐가 나 황급히 두 손을 비비기도 한다. 잇따라 축 늘어뜨린 열 손가락을 탈탈 털면 기분이 잠깐 가뿐하다. 힘을 빼어 좋은 것은 어깨만이 아니로구나 느낀다. 하다가 야윈 손등의 울근불근 정맥이나 지렁이 자국처럼 희미한 손금을 무심히 쳐다보는 것이다.

수상手相 따위 복술에 어둡고 흥미가 없기 때문에도 가늘고 굵은 생명선 감정선의 장단에 늘 덤덤하다. 아니 제대로 볼 줄조차 모른다. 그보다는 오른손 가운데 손가락에 삐주룩이 돋은 옹이를 왼손 엄지로 자꾸 문지르며, 그동안 얼마나 굳었는가를 점검한다. 단단할수록 기분이 좋다. 농땡이를 부리는 바람에 돌기가 주저앉았다 싶으면 적이 실망하고 자책한다.

사람이 노경에 든다는 것은 몸의 모든 부위가 마모되기 시작한다는 뜻이다. 물렁 팥죽 같은 피부의 하루가 다른 이완으로 그걸 확인할 수 있다. 하지만 문필인의 중지中指는 반대다. 쓰면 쓸수록 군살이 돋고 경도硬度를 높여 필경작업의 바로미터 구실까지 한다.

우습다면 우습다. 굽은 나무 선산을 지키고, 옹이가 많아 쓸모없는 소나무도 불쏘시갯감으로는 제격인 걸, 나의 하찮은 손가락 육괴는 도대체 무엇인가. 그야말로 '암적 존재'에 불과할 텐데, 단단하게 솟으면 기분이 좋고 밋밋하게 꺼지면 심사가 언짢다니. 책상물림의 자기도취로 지레 가소롭다.

그렇게 따지면 이 세상 사람들의 어떤 손은 온전하

라. 저마다 할 말이 태산 같을 것이다. 험한 노동에 지
문마저 닳아 없어진 이들은 더구나 콧방귀를 뀌며 비웃
을 게다. 지역구 출신 정치인들까지 나서서, 수천수만
유권자들과의 악수 때문에 잡힌 손바닥의 물집을 펴 보
이며 정치적 엄살을 떨지 모른다.

사정이 그러하므로, 없다가도 생기고 생겼다가도 가
라앉는 손가락의 미세한 변화를 놓고 너무 예민하게 반
응하는 자신이 재차 쑥스럽다. 하지만 어차피 자기 이
야기를 하는 자리 아닌가. 긴 세월 펜대 하나로 산 자의
나 홀로 감상感傷으로는 그게 글쎄 예사롭지 않다. 내 가
운뎃손가락의 돌출은 내가 살아낸 역사의 징표이자 응
고인 까닭이다. 따라서 어떨 때는 애잔하고 어떨 때는
대견하다. 얼마나 혹사했으면 생으로 혹을 세워 나를
지탱해주었는가 싶어 다 늦게 미안한 생각마저 든다.
결과나 성과는 별문제다. 나이 칠십이 넘기를 기약한
채 살고 말고를 떠나 어떻든 여기까지 함께 왔다.

입에 담기 무엇한 소리로되, 덕택에 가솔을 거두고
근근이 책줄이나 쓴 셈이다. 가만히 손을 바라볼 때마
다 저절로 눈이 가, 거듭거듭 매만지는 소이所以다.

우리 연배에게 익숙한 일본 시인 이시가와 다쿠보쿠

石川啄木는 달랐다. 단가短歌로 출발하여 스물여섯에 요절한 그는, 어느 날 문득 자기 손을 바라보며 거꾸로 비감에 젖는다. 고향 근처 홋카이도의 지방신문 교열기자를 전전하던 어간에 읊었다.

일하고
또 일을 해도 내 형편 여전히 피지 않네,
물끄러미 손을 바라볼 밖에,

가난의 직설적 표현이 하도 절절하여 많이들 외웠던 시행이다. 소설에도 손을 댔으나 반향이 신통찮은 곤경을 겪는 가운데, 열아홉에 낸 가집 『아코가레憧憬』로 일찍부터 천재 소리를 들었다.

이시가와가 아니라도 그 후의 우리나라 인텔리나 문인들 사이엔 손에 대한 비탄조 자의식이 심했다. 김팔봉의 「백수白手의 탄식」이 가령 그렇다. 정지용의 「카페 프란스」에도 '남달리 손이 희어서 슬프구나' 구절이 나온다.

시의 한 연이 끝날 때마다 '너희들의 손이 너무도 희구나!'를 후렴처럼 일일이 연호한 「백수의 탄식」은, '카페 의자에 걸터앉아' 입으로만 브나로드를 재깔이는 지식층이라든가 기성문단의 세기말적 무드 탐닉을 향한, 경고성 냉소로 읽힌다. 때마침 소개된 프랑스 작가 바르뷔스의 민중적 참여문학이 또 백수의 안고수비眼高手卑 갈등을 부추긴 감이 없지 않으려니와, 일상적 가난을 자탄하는데 그친 '이시카와의 손'과는 일단 거리가 멀다. 그 역시 나중엔 사회주의 경향으로 기울었지만 말이다.

아무려나 손은 그냥 손일 뿐이다. 머리가 지시하는 대로 진자리 마른자리를 가리지 않는다. 쥐라면 쥐고 놓으라면 놓는다. 훔치라면 훔치고 주라면 준다. 똥도 만지고 금은보화도 만진다. 여자의 섬섬옥수는 고운 자태의 첨단이요, 남자의 왁살스런 손은 힘의 상징이다. 똑같은 흰 손이라도 뇌물을 갈퀴질하면 더럽고, 부패방지를 지휘하면 이탈리아식 마니 폴리테Mani Pulite로 추앙받는다. 얼짱과는 동떨어진 청정한 손짱으로 신선하다. 잘못을 저지르면 손이 발이 되도록 빌망정, 기도할 때는 몸체의 어느 부분보다 먼저 신에게 가까이 다가간다. 못지않게 훌륭한 덕목은 다른 것과의 유연한 협조

정신이다. 기능이 전혀 다른 발과 손발을 척척 맞추면 세상에 두려울 것이 없다.

이 모든 행위는 필경 머리가 시켜 하는 짓이라고 사람들은 믿는다. 그러나 반드시 그럴까. 다리와 함께 머리의 수족 노릇에 매번 충실하다가도, 나름대로 축적한 노하우에 입각하여 제 주장을 펴는 시간도 있지 않을까.

터무니없는 소리라고 고개를 저으며 일축할지 모르나, 적어도 내 경험으로는 그런 경우가 종종 있다. 머리가 제시한 단어를 어김없이 따라 쓰다가도, 맘에 들지 않으면 당장 이의를 제기하고 나선다. 이의를 다는 데 머물지 않고 이 말은 어떠냐는 투로, 대신할 대자 대안까지 곧잘 꺼내보인다.

백문이 불여 일문一文이라는 관점에서 몇 가지 예를 든다.

"아내는 은박지에 싼 청어를 가스레인지에 넣었다"고 머리가 일렀는데도, 손은 "은박지"를 '쿠킹호일'로, "가스레인지에 넣었다"를 '그릴에 얹었다'고 고집하기 일쑤다.

"노인의 고집은 어릴 때부터……"를 '간난쟁이 때부

터'로 다듬고, "교만 부린다"를 '거드름 피운다'로 순화하는 등, 머리와는 딴판으로 노는 수가 있다.

그런가 하면 서너 단락段落을 못 가 앞에 적은 단어가 다시 나오는 것을 극히 싫어하는 글 주인의 지랄 같은 결벽성을 받들어, 금방 쓴 말의 재탕삼탕을 꺼린다. 조금 전에 나온 '꺼내 보인다'도 마찬가지다. 머리는 "제시"라고 쓰도록 명령했거늘 손이 말을 듣지 않았다. 몇 줄 앞에서 "제시"를 이미 써먹었으니까 '꺼내 보인다'로 해야 옳다고 떼를 썼다.

물론 머리가 시키는 일에 전적으로 어깃장을 놓는 건 아니다. 매양 그랬다간 큰일이다. 서로 맡은 소임의 주객전도 혼란은 고사하고, 글쓰기의 위아래 질서가 무너져 뒤죽박죽 지경에 빠지기 쉽다.

게다가 젠체하는 손의 의견을 번번이 들어줄 수도 없는 노릇이다. 항상 근사하지만은 않기 때문이다. 엉뚱한 개칠로 뜻을 왜곡하는 바람에 시간만 낭비하게 만드는 적도 있어, 때때로 거추장스럽다.

가다 못 가면 처음으로 돌아가라는 말이 있듯이, 그럴 때는 눈 딱 감고 만고에 변함없는 원리 원칙대로 나가야 한다. 생각은 머리가 하고 손은 그걸 옮기면 그만이라는 내력을 새삼 앞세워 싹 무시하는 게 수다.

그럼에도 불구하고 받아쓰기에 진력이 난 까닭인지, 열 곱절이 훨씬 넘는 '당구 삼 년'의 눈썰미를 살릴 셈인지, 요새는 내 손의 말참견이 한층 늘었다. 처음엔 대수롭지 않게 여겼다. 매우 업신여겼거늘, 차츰 그의 '귀여운 반란'에 주목하게 되었다. 제법 똘똘한 조언을 발견하는 재미가 괜찮았기 때문이다.

묘사로 시작하여 묘사로 끝나는 게 산문이다. 그러나 어떤 글무더기를 이어나가는 데 맞춤한 단자單字 선택이 생각처럼 쉽지 않다. 잔뜩 폼을 잡고 그럴싸한 분위기에 스스로 들떠 붓방아만 찧는 일이 날이면 날마다 열두 번도 넘게 벌어진다. 그럴 무렵, 깐에 마감시간까지 걱정하던 손이 허실 삼아 이것저것 글자를 끼적거리고, 개중에 쓸 만한 것이라도 있어보라지. 얼른 따르지 않고는 못 배긴다. 그러니 손의 반풍수 구실을 어찌 묵살하겠는가.

희망사항에 가까운 고의적 착각과 착각에 가까운 희망사항 같은 얘기가 많이 구질구질하다. 그러나 말짱 헛소리만도 아니다. 손을 의인화擬人化하면서까지 두뇌

와의 상호작용을 강조 미화하는 과정이 다소 허풍스러
웠을 뿐, 마음속에 흐르는 반반의 진실은 어디 가지 않
는다. 두뇌는 사유하고 손은 노동을 전담한다는 이분법
에 나름의 의문이 진작부터 좀 있었는 데다, 음지의 손
에 갈수록 연민을 느낀 이유 또한 물론 크다.

　근자에 읽은 『손이 지배하는 세상』(박규호 옮김)이
그걸 다시 절감케 한다. 독일의 물리 철학 전공자 마르
코 베이가 기획하고, 의사 마틴 바인만을 비롯한 열세
명의 다양한 전문가들(해부학 · 심리학 · 컴퓨터공학 ·
체육학 · 수학 · 음악 · 철학)이 엮은 책인데, 서술이 평
이하고 재미있다. 그만큼 구체적이다.

　손동작의 발전은 언어 발생과 밀접한 관계가 있으므
로, 태초에 있었던 것은 말씀이 아니라 손짓이었으리라
는 유추가 대뜸 놀랍다. '손은 작가들에게 다양한 몸짓
언어를 전달해주는 동시에 강력한 상징을 제공한다'고
전제한 다음, '그들은 이러한 상징을 능숙하게 사용함
으로써 텍스트의 내용을 극적으로 형상화시켜 보여줄
수 있었다'고도 했다. 내친 김에 이 책 첫머리에 내건,
헬렌 켈러의 저 유명한 '물의 언어'를 되새겨보자.

우리는 우물가로 갔다. 누군가 물을 길어 올리고 있었다. 선생님은 내 손을 펌프로 가져갔다. 차가운 물줄기가 내 손을 타고 흘러내리는 동안 선생님은 내 다른 쪽 손에 '물'이라고 썼다. 바로 그 순간 번개같이 되살아난 정신이 내 몸을 타고 흘렀고, 언어의 비밀이 열리기 시작했다. 나는 물이 지금 내 손을 타고 흐르는 아주 멋진 것이란 사실을 알게 되었다. 이 생생한 단어는 나의 영혼을 깨웠다.

무척 감동적인 촉각언어의 탄생 순간이다. 두뇌 없이 기능하는 손을 생각할 수 없고, 손의 작용 없이는 두뇌의 현대적 발전도 기대하기 어렵다는 사실을 절묘하게 일러준다.

경우는 아주 다르되 언어 이전의 손동작만으로 가능한 일이 사람의 세상에는 참 많다. 그중에 으뜸인 것이 어머니의 손맛 손끝 손길이다. 어머니의 요술손이 간 음식 치고 천하일미 아닌 것이 없다. 거칠고 마른 손으로 살살 문지르기만 해도 쌀쌀 아픈 배가 기분 좋게 편안하다. 깊은 애정과 오랜 내공 덕이리라. 비결을 묻는 건 쑥이다. 과학도 설명을 못하는 만능손의 기억이 모든 우리들의 뇌리에 아직 생생하고 따뜻하다.

그러므로 가운뎃손가락 하나를 두고 이러니저러니 굴린 별난 상상이 멋쩍은데, 이번에는 또 예전만 못한, 푹 가라앉은 옹이가 섭섭하다 못해 실망스런 감정을 어쩔 수 없다. 이랬다저랬다 간사한 감정 탓이다. PC 만학晩學에다, 느는 나이와 더불어 펜대를 놀리는 작업이 어차피 줄기 마련인 것을, 그게 무슨 훈장이라고 줄창 올올兀兀하게 굳어 있기를 바라랴.

하긴 어지간히 글자를 써제낀 일생이다. 어려서는 새끼손가락보다 짧은 몽당연필을 끝까지 쥐고, 엔간히 철이 들 무렵부터는 촉을 뺐다꼈다 갈아 끼는 펜대에 잉크를 찍어 글씨를 썼다. 그나마의 펜촉도 쇠붙이라고, 해방 전의 물자 부족 때는 붓대에 배흘림 모양의 유리 촉에 먹물을 묻혀 문자를 끼적이었다. 모나미에 이은 갖가지 볼펜이 그 뒤로 흔전만전 쏟아졌다. 파커 21이나 파일럿 같은, 부드럽고 촉감 좋은 파운틴펜을 구사하다가, 마침내 몽블랑 만년필의 호사를 누렸다. 쥐자마자 손바닥 안에 가득 퍼지는 파악把握의 충족감이 그만이었다. 수제품의 적공을 위해서라도 기품에 넘친 글쓰기를 마음먹는 주접을 아울러 떨었다.

그렇게 내 손 안에서 놀다가 사라진 붓대 펜대는 얼

마나 될까. 용도가 다하면 미련 없이 쓰레기통에 던졌다. 글 못한 놈 붓 고른다고, 심사가 영 선찮은 날은 아직 멀쩡한 펜대마저 생매장을 시켜 새것을 골라잡았다. 북북 찢어발긴 원고지는 어쩌고? 말도 못한다.

그리고, 그리고 남은 것은 가운뎃손가락의, 납작하게 주저앉은 혹의 잔재뿐이다. 그렇게 지은 죄를 무슨 수로 다 갚는단 말인가. 문방사우까지 갈 것조차 없는 그들 이우二友에게 조사弔辭라도 헌정해야 할 판이다. 그래서도 물끄러미 손을 바라보는 날이 잦아질 기미다. 보스턴 레드삭스의 제5선발 투수로 활약하던 때의 김병현 손가락 치켜세우기 구설수는 젊은 오기로나 비칠망정, 내 중지는 자신의 (바깥 아닌) 안을 향한 가파른 쇠락의 작은 지침인가. 그런들 대수랴 싶어 용을 쓰는 저녁, 아파트 창밖에 비친 액자만큼의 놀이 곱다.

비단 손뿐인가. 그런 식으로 낱낱이 챙기노라면, 머리는 말할 나위 없고, 눈과 코와 입이 죄 애썼다. 심지어 궁둥이도 단단히 한몫을 했다. 누가 뭐래도 소설은 곧 노동의 산물인 까닭에, 엉덩이가 가벼우면 볼 장 다 본다. 시시한 체험에서 얻은 배움인데, 일본 스모의 몽골 출신 요코즈나 아사쇼류의 그것마냥 거대할 필요는 없다. 볼품없이 빈약하면 빈약한 대로, 의자와 찰떡궁합을 이루어 은근과 끈기로 버티는 힘이 우선 당차야 한다. 그래야 무엇이 나와도 나온다고 믿는다.

추상적인 이야기를 기피하는 인심의 반영인지, 요즈음은 쇠고기의 각을 뜨듯, 인체를 부위별로 나누어 사설을 푼 책이 적잖다. 『유방의 역사』, 『눈물의 역사』, 『엉덩이의 역사』가 대충 그러한데, 『엉덩이의 역사』는 섹스 중심으로 나아가 특이하다.

지금껏 주워댄 '손'이, 꼭 오른손만을 지칭하는 건 아니라는 변명을 마지막으로 보태야겠다. 옹이가 오른손 가운데손가락에 박인 것은 틀림없되 왼손의 도움 없이는 뿌리박을 엄두마저 못 낼 일이다. 애초에 가당찮다. 당연한 상식을 중언부언 나열하기보다는, 박목월의 시 「왼손」의 후반을 빌어 조잡한 설명에 대신하고 싶다. 그게 백배 나을 것이다.

나의 왼손은
존재의 숙연한 진실을 증명한다.
다섯 손가락은
하나하나 엄연한 사실의

진실을 웅변하는
입술을 다물고,
상상의 그물 사이로 열리는
새로운 여명을 응시한다.
…(4행 생략)…
그리고 지금
시를 짓는 창조의 세계 옆에서
현실의 준엄성과
존재의 확실성을 증명한다.
그 왼손에 서렸는
거창한 침묵과 정적.
사람들은 누구나
오른손을 내밀고 악수를 청하는
그 왼편에 있는
숙연한 존재를 깨닫지 못한다.

키로 말하면

이를테면 소싯적 박물관 견학을 떠올리기로 한다. 다른 아이는 어땠는지 몰라도 나는 칼이나 창 앞에서 망연히 서 있기 쉬웠다. 학습을 통해 관념적으로 익힌 국보급 불상은 너무 작았다. 누가 들으면 큰일날 소리겠지만 청자 백자는 조석으로 밥상에 오르는 간장 종지나 국대접 빛깔과 비슷했다.

칼과 창은 달랐다. 녹이 슬어 볼품없는 쇠붙이에 뭉뚝하고 긴 자루를 각각 끼우고 시퍼렇게 날을 세우는 환상에 언뜻 젖었다.

그렇게 '재생된' 장검 장창은 뒷동산 전쟁놀이의 나

무때기 무기가 감히 연상되면서 막강한 전율로 다가왔
다. 승패를 넘어 용맹한 장군의 풍모와 더불어, 연개소
문의 안시성 대첩에 계백의 장렬한 황산벌 전사를 떠올
리게 만들었다.

허나 상상은 거기서 그치지 않았다. 그토록 긴 창과
칼을 다루는 데 필요한 키를 불가불 생각하지 않을 수
없었다.

"조선시대 언월도는 칼날의 길이만 1미터에 가깝다고
어떤 녀석이 허풍을 떨던데 사실일까. 그걸 자유자재로
휘두르자면 키와 덩치가 우선 대단해야겠지?"

이상한 대목에서 기가 팍 죽었다. 괜한 자충수였는지
도 모르겠다.

한다고 늘 그 같은 주눅에 덜미 잡혀 할 짓을 못했을
까. 아니다. 켕길 때 켕기고 촐싹거릴 때 촐싹거리는 소
년의 활달을 놓았다. 단신 대비 장신들의 등고선^{等高線}
이 총체적으로 낮아 작은 키를 얕잡는 '사상'이 요새마
냥 그악스럽지 않았던 이유도 있다. 따라서 그 키 가지
고는 장가도 못 간다는 따위 싸가지 없는 억설이 당시
엔 농담으로나마 통하기 어려웠다. 그만한 시절에 삼신
할미께서 볼기를 찰싹 때려 세상에 나온 것이 요행이었

다고 믿는다. 덕택에 남 하는 흉내라도 내면서 그렁저렁 부대낀 평생을 다행스럽게 여긴다.

어려서 한참 기억력이 좋을 때는 세계 위인 중에서 키 작은 인물의 이름만 스무남은 명까지 외웠다.

세상에는 그런 책도 있었다. 작정하고 찾아나섰다면 속 들여다보인다. 할 일이 무던히 없는 사람이 기록했을 법한 책인지 잡지인지에서 우연히 읽고 베꼈을 따름이다. 키 작은 위인은 물론, 너무 크거나 지나치게 뚱뚱한 동서고금의 걸출들을 점고點考하듯 그러모아 나를 한껏 고무시켰다.

당연히 키 작은 쪽 이름을 따로 떼어 천자문을 외듯 암송했다. '그까이꺼' 식은 죽 먹기였다. 엉터리 가락까지 매겨 달달 외우고 있다가 아이녀석들이 놀리던가 구슬리면, 너 잘 만났다는 투로 즉석에서 스무남은 위인을 거침없이 좔좔 풀었다.

멀대같이 큰 놈일수록 본전도 못 찾고 돌아설 밖에.

"짜아식……"

어쩌고 구시렁거리면서 물러서기 일쑤였다. 키 크면 속없고 키 작으면 자발없다는 속담의 실천적 장난질이 따로 없었다. 앞뒤 정황을 살피면 놀이 삼아 집적거린 친구의 무심보다 덫을 놓고 누군가가 치이기를 기다린 내 유심의 죄가 크다.

아니 까짓 일에 앞뒤 경우는 따져 무엇하리. 자다가 웃을 일마저 드문 삭은 노을 지경에 앉아 그나마 정겨우면 됐다. 나른한 기억의 끈을 아무리 잡아당겨도 그때 외운 이름의 반의반을 못 채우는 현실에 그리고 비감한다. 녹두장군, 강감찬, 채프린, 아인슈타인, 나폴레옹 등등이 고작이다.

누가 재어봤더냐 물을 것 없다. 아무런들 네 키를 그들과 대비시키다니 꿈도 크다고 삿대질하기 말기다. 이름을 까먹은 옛사람의 조사 문건을 옮겼을 따름이니까.

콩장군 팥장군 다 놔두고 왜 녹두장군이라고 일컬었겠는가. 채플린과 나폴레옹이 서양인치곤 작아 뵈는 것이 사실 아닌가. 아래위 서너 살까지는 허교許交가 가능한 동양의 대범한 눈으로는 하물며 그렇다. 시비를 걸 일이 못된다.

전에 본 모모 교수(작달막한)의 글에도 비슷한 얘기가 나온다. 미국인과 동서양인의 키에 대해 입씨름하는 자리에서 교수는 말했다. 시저, 알렉산더, 공자도 모두 키가 작지 않으냐고 응수하며 기선을 잡았다. 일일이

꼽은 끝에 쐐기를 박은 말이 걸작이다.

"혹시 그분들의 하인배 중에 키 큰 사람이 있었는지는 몰라도……"

이번에도 토를 달아야겠다. 아무리 그렇기로 너는 빠지라는 소리가 귓가에 맴돌거늘, 깊은 공부 없이 건성으로 지적했을 리 만무인 교수의 한마디에 나는 좌우지간 회심의 미소를 지었다.

사람의 키는 성장과정이 들쭉날쭉 제각각이다. 박정희 대통령 때의 보급 수종樹種 제1호였던 리기다 소나무처럼 처음부터 무럭무럭 자라는 아이가 있는가 하면, 일껏 선두 그룹에 끼었다가 점점 뒤처지는 마라톤 선수 모양 갑자기 성장을 포기한 듯한 애도 없지 않다. 가다가 중지 곧하면 아니 감만 못하다고 김천택金天澤이 시조까지 지어 일렀건마는…….

내남없이 궁핍한 시대를 무릅쓰고 물만 마셔도 살이 찌는 소수의 뚱보는 그때 벌써 딱했다. 맥도널드 햄버거에 감자칩을 먹고 비만에 시달릴 상황이 아직 아닌데 미리 부티를 유세할 셈이었나? 그런 시대는 채 상상조차 못할 세상을 살면서 하늘 높은 줄 모르고 땅 넓은 줄만 알았으니 민망한 노릇이었다.

초장에는 애개개 싫도록 작다가 옆사람이 한눈파는 사이에 몰라보게 왕창 크는 녀석은 또 얌체스럽다. 전당포에 맡겼던 것을 되찾았는지, 오므라든 키 주름을 일시에 반반하게 폈는지…… 그런 치들의 의뭉수가 어떻든 놀라웠다.

나는 독야청청 꾸밈이 없었다. 1학년 교실의 맨 앞자리가 6학년 교실까지 시종일관 이어졌다면 알조 아닌가. 적어도 성장 속도는 들쑥날쑥하지 않았다. 왕창 욕심 부리기보다는 결과적으로 한정된 높이를 야금야금 차근차근 올라갔다고 볼 수 있다. 뿐인가. 선생님이 칠판 글씨를 지울 적마다 날아다니는 백묵가루를 살신성인의 정신으로 흠뻑 마셨다.

적선積善에 따른 즐거움이 그만큼 컸다. 딴 애들같이 노상 앞사람의 뒤통수를 바라보는 지겨움이 없어 좋았다 이건데, 그런 시원함은 운동장 조회에서 한층 꼬수웠다. 내가 서는 자리에 따라 열이 뒤로 옆으로 뻗었기 때문이다. 눈앞에 거리끼는 것 없이 아침마다 시야가 확 트였다. 1학년 6학년 무렵엔 더군다나 집단의 양단兩端에 우뚝 섰다. 왼편 오른편이 텅 비어 기분이 시원시원했다. 좀 과장하면 최일남이 깃대를 세운 대로 조회

대열이 쑥쑥 퍼져나갔대도 과언이 아니다. 일제의 식민지 교육을 표방하는 한 짝의 내리닫이 현판, 교사校舍 정면에 좌우로 나란히 붙은 '고쿠다이메이초國體明徵' '닌쿠단렌忍苦鍛鍊' 간판을 기준으로 위치를 정하면 그만이었다.

철봉을 할 때만은 아찔했다. 아시다시피 학교 철봉대는 각 학년에 알맞게 높이가 단계적이다. 나는 따라서 제일 높은 철봉엔 팔이 미치지 않아 상급반이 되도록 '아랫것들'이 노는 저학년용 근처를 주로 얼찐거렸다. 후배들 앞에서 이만저만 체면을 구긴 게 아니었다. 그렇담 '질로 가자!' 결심하고 방과 후 늦게까지 홀로 남아 죽을둥살둥 매달렸다. 날마다 훈련을 거듭한 끝에 드디어 7차次까지 해냈다. 2차도 못해서 낑낑대는 동급생이 수두룩한 판에 그게 어딘가.

1차는 턱걸이요, 10차는 양손으로 철봉을 잡고 원을 그리듯이 주위를 크게 회전하는 대차륜大車輪이다. 그건 어림없되 7차 역시 만만찮다. 팔걸이, 다리걸기, 무릎굽혀 돌기 등등의 과정을 차례차례 거쳐야 한다. 두 다리로 허공을 힘껏 내질러 철봉에 가뿐히 상체를 올려놓는 동작이니까.

축구도 열심히 했다. A매치 수준의 학교대항 시합은 애들이 후보로도 끼워주지 않아 응원으로 돌았지만 학급선수로는 의당 뽑혔다. 몸집으로 한몫하는 축들은 실상 뺑 차기 말뚝에 불과한 수가 많다. 체가 작은 만큼 운신이 재빨라야 날쌘돌이 골잡이로 십상이다. 라이트 윙, 레프트 윙을 맡아 주먹만한 공을 돌무더기 골문으로 쏘기가 쉽다. 백 미터를 십삼 초에 끊는다는 준족 운운의 요즈음 해설은 그러므로 틀렸다. 축구선수의 진짜 주력은 공을 잡은 순간부터 따지는 게 옳기 때문이다. 짧은 시간에 발휘하는 가공할 순발력이 훨씬 중요하다.

그렇게 배기고 버티는 한편 공부도 웬만치 하는 편에 들어 선생님의 귀염을 더러 받았다. 거기까지는 좋았는데, 뒷줄에 앉은, 나보다 한두 살 더 먹은 녀석들의 시끄러운 장난질을 나무라다 말고 "사이이찌낭(최일남의 일본음)을 보라……"고도 하셨다. 어색하고 기뻐 얼굴이 달아오르는 걸 느꼈다.

다른 선생님이 그랬다면 말도 안 한다. 그렇게 말씀하신 여선생님의 표정 하나 손짓 하나에 실린 멋을 무서무서 좋아했던 터라서 감동이 실로 컸다.

선생님은 목이 길었다. 긴 목 때문에 그닥 크지 않은

키가 한결 가뜬해 뵈고, 지금 생각하면 벨벳이었지 싶은 검은 치마가 새하얀 저고리 밑으로 치렁치렁 흘러내렸다. 또각또각 하이힐 소리에 맞춰 선생님의 발등을 감출락말락 매끄럽게 반들거렸다.

몸뻬 바람이 극성을 부리기 전이었는데, 선생님은 긴 목을 버릇인 양 옆으로 살짝 젖히고 다녔다. 창가시간에는 특히 그랬다. 오르간을 치면서 고개를 삐딱하게 뉘던가 몸을 뒤로 한껏 물린 자세로 '유우야께 고야께' 따위 일본 동요를 불러 아이들의 합창을 유도했다.

그런 모습이 아주 멋있었지만 수업 중에 물끄러미 창밖을 바라보는 표정이 더 좋았다. 아이들이 조용히 시험문제를 푸는 동안은 물론 평소에도 무언가를 무심히 응시하는 수가 많았다. 시선이 가는 곳은 늘 바깥이었다. 가까운 화단의 해바라기라든가 먼 하늘의 소담한 뭉게구름을 겨냥하는 순간의 담담한 표정을 나는 놓치지 않았다. 선생님의 약간 때꾼한 듯 맑은 눈길에 덩달아 편승하여 권태롭기 짝이 없는 창밖 풍경을 다시 새기려고 애썼다. 그날이 그날 같은 빈 하늘과, 그 모양이 모양인 해바라기에 늘 실망하면서도……

하기는 어떤 집 어머니나 할머니도 곧잘 짓는 표정이

다. 마루에서 부엌에서 바삐 손을 놀리다 말고 무심결에 고개를 들어 먼산바라기처럼 울 너머 고샅이나 들녘을 쳐다보기 일쑤다. 사는 일의 휴지부로 마음이 적적한 시간인데, 입김 같은 한숨이 곧 새어나오지 말란 법 없다. 두 '무심'의 다른 점이다.

선생님은 머잖아 시집을 갔다. 댁 마당에 차일을 치고 올리는 혼례를 송판 울타리 틈새로 구경했다. 옹이 빠진 구멍을 서로 차지하기 위해 또래들과 다툰 일이 여태까지도 간혹 눈에 어른거린다.

어렸을 적의 키에 대한 이런저런 삽화는 대학 입학과 함께 저절로 폐기처분되었다. 개인의 고담古談으로나 간직할까 더 이상 보태고 뺄 게 없을 정도로 대학 동료들의 입길에 오를 건더기가 없었다. 손풍금을 뜯는 약장사 앞으로 바짝 나서기 위해 구경꾼 사이를 비집던 것이 옛날이었다. 운동장 조회는 물론 철봉대도 없는 캠퍼스는 병아리 지식인들의 섣부른 고담준론 내지 토론으로 그들먹했다. 키가 작으니 크니 하는 문제는, 참깨가 기니 짧으니 하는 것만큼이나 소소한 일로 치부되어 화제에 끼지조차 못했다.

함에도 불구하고 실없는 부처 손짓을 하는 위인은 어

디에나 있기 마련인가보다. 어느 날 점심때였다. 일석 이희승 선생님과 키를 대보라고 한 친구가 부추겼다. 마침 대학다방으로 오트밀을 자시러 가는 선생님을 눈으로 가리키면서 말이다. 벤치에 앉아 있던 몇몇 친구가 또 고무찬동하고 나섰다. 오트밀은 음식을 오래 저작하기로 유명한 선생의 고정 메뉴다.

썩 내키지 않았으나 다만 몇 푼이라도 내가 컸으면 컸지 작지는 않으리라는 생각으로 쪼르르 선생님 곁으로 다가갔다. 꾸벅 인사를 올리고 서너 걸음 동안 어깨를 나란히 했다. 같다는 둥 높다는 둥 양론이 분분했을 망정 최소한 작다고는 아무도 안했다고 기억한다.

선생님의 수필 「오척단구五尺短軀」를 그 뒤에 읽었다.

선생님 역시 키 작은 사람에게 더 관심이 갔다면서, 병자호란 때 국운을 두 어깨에 둘러메고 난국을 돌파한 오리대신梧里大臣 이원익李元翼 선생의 예를 들었다.

"두루마기 길이丈가 자 여덟 치였다는 말이 전하고 있으니 이 자尺는 오늘에 우리가 쓰고 있는 자가 아니라 필시 침척針尺이었겠지마는 무던히 작은 키라고 아니할 수 없다"고, 당신께서 밝힌 자신의 키 '5척 0촌 2푼'과 비교했다.

옛날이야기는 덮어두고 현대의 예를 들자시면서 초대 부통령인 성재省齋 이시영李始榮 선생의 키를 다시 언급한다.

"우연한 기회에 가까이서 본 일이지마는 나보다 두어 주먹노리는 없을 만큼 무던히 작은 키의 주인공이었다."고 쓰셨다.

이희승 수필집 『먹추의 말참견』에는 유머로 감싼 작은 키의 애환이 그밖에 많다. 무슨 회합에서 '불행히' 사회를 맡게 되거나 목침돌림 차례가 되어 일어서면, "자네는 서나 앉으나 마찬가지니 앉아서 하게." 소리를 들었다.

단단하다는 의미가 내포된 '대추씨' 별호를 받은 건 여하간에, 추렴해서 음식을 먹을 때나, 양복을 맞출 때나, 구두를 살 때는 참으로 억울하다. 그래서 "내가 키 큰 사람의 덕을 입은 일은 꿈에도 없다." 하셨다.

그러나 이러한 일을 모두 허섭스레기로 돌렸다. "마음에 안타까운 것도 앵하게 생각할 것도 아무것도 없다. 이타즉이기利他卽利己라는 것을 생각한다면, 오히려 만족하고 유쾌하게 여길 일이다"는 술회에 여유가 넘친다.

열세 살에 결혼한 선생은 두해 먼저 별세한 사모님과 꼭 80년을 해로하셨는데, 스스로의 결혼생활을 사탕 넣은 차茶가 아닌 '보리밥숭늉'에 비유한 것이 인상 깊다.

선생님의 주례로 결혼한 나도 어느덧 50년 결혼 주기를 바라보게 되었다.

그렁저렁 지낸 단구의 한 살이를 웃음으로 말아 무잡하게 돌이킨 셈인데, 사노라고 열심히 나부대다 보면 타고난 신언서판의 몰골을 의식할 겨를이 없다. 선생님 말씀대로 오히려 유쾌하게 만족할 수조차 있다.

그게 글쎄
—나의 데뷔작

‘모든 시대는 오래되면 좋아진다’는 바이런의 말이 아니라도 사람은 자신이 산 어떤 시대를 두고두고 잊지 못한다. 좋으면 좋은 대로 나쁘면 나쁜 대로 종내 끼고 가기 마련이거늘 그런 때는 지극히 가혹했던 세월도 기억의 끄트머리에서 달게 녹아내리기 쉽다.

아무리 그렇기로 1950년대 초반의 우리 문학 환경을 좋게 기억하기는 어렵다. 다만 느낄 뿐이다. 문학하는 마음은 상황이 가혹할수록 더 좀 진지하다는 아전인수 논리에 기대여 ‘오래되면 좋아지는’ 시대의 뜻에 어렴풋이 공감할 따름이다.

이런 생각의 연장선에서 확인한 문학 월간지『문예』의 존재가 매우 크고 신통하다. 아직 문학에 털도 안 난 그 무렵의 내 눈으로 신통하다는 따위 웃자란 인식을 하는 게 아니다. 지나놓고 보니 그렇더라는 말이다. 그 세월이 어떤 세월이라고 이 월간지는 6·25가 터진 해에도 '전시판戰時版'을 냈다. 나중에는 피난 수도 부산까지 끌고 갔을망정 51년엔 한 권도 발간하지 못했다. 52년에야 재기를 시도했으나 겨우 두 권을 내는 데 그쳤다. 하지만 새삼스럽게 몇 권을 더 내고 못 냈느냐를 꼽다니 부질없다. 아니 할 말로 문학이 도대체 무엇이길래 전쟁으로 국토가 결딴나고 인심이 거덜난 형편에서마저 밥도 돈도 안 되는 문학지가 있었다는 사실이 중요하다.

대단한 의욕이요 극성이다. 세상이 제아무리 미증유의 요동을 칠지라도 붓대 하나로 파천황破天荒을 꿈꿀밖에 없는, 그 짓밖에는 달리 할 일이 없는 사람들의 숙명 아니겠는가, 그리고 독자들의 호응을 믿었을 터이다.

그런 경황에 보낸 것이「쑥 이야기」다. 부산서 발행하던『문예』주소를 찾아 우편으로 부친 다음 한동안 잊고 지냈다. 배달 사정이 션찮은 데다 잡지 또한 나오다 말다 할 때였으므로 원고가 제대로 들어가기나 했는지 미심쩍었기 때문이다. 그런데 잡지는 어느새 서울로 올라와 발행되었다. 집으로 배달된 53년 송년호를 받아보고서야 내 작품이 실린 것(김동리 추천)을 알았다.

책은 황순원의 『카인의 후예』(제3회)를 비롯하여, 오영수의 「갯마을」, 김광섭의 시 「해바라기」, 마해송의 『편편상』 연재 등으로 그들막했다. 이처럼 대단한 필진 속에 나도 새내기로 이름이 올랐으니 기분이 좋았으랴. 말석이나마 차지했으니 잠시 우쭐하지 않은 건 아니었지만 제물에 곧 시들해졌다.

하필 '쑥'인가 싶었다. 앞서거니 뒤서거니 등장한 신인들이 들고 나온 제재題材가 흔히 전쟁이나 분단과 관련된 것이었기 때문에도 더욱 초라해 보였다. 후회라기보다는 자충自充에 가깝고 자충이라기보다는 기질 탓이었으려니 여긴다. 쓰기로 들면 그 시절에 한참 떠돌던 극한상황과 '연루된' 소재를 붙들고 낑낑댈 수도 있었으련만 어쩌자고 쑥으로 쑥을 자초한 셈이다.

그 뒤로도 비슷한 생각이 가끔 떠올랐다. 좋아하는 이태준 채만식 같은 선배 작가들의 글을 요샛말로 열심히 벤치마킹하면서 화끈한 걸 뽑아내자고 작심하기도 했다. 그러나 일단 붓을 들면 눈앞에는 먼저 는개 같은, 모정慕情 같은 서정이 어른거리기 십상이다. 따라나서는 기분이 더없이 촉촉이 젖을망정 글의 예각은 머지않아 둔각으로 바뀌고 각진 표정은 어느덧 한갓진 유화의 모습을 띤다. 서투른 숙수 피나무 안반만 나무라는 꼴인데 도리가 없었다.

56년 정월호 『현대문학』에 발표한 「파양爬痒」이 두 번째 추천 작품(계용묵)이다. 『문예』는 54년 3월호를 마지막으로 이미 문을 닫았기 때문에 출신지誌 이전이 불가피했던 것이다. 딴 일에 몰려 좀처럼 염을 못 내다가 이왕 시작한 김에 따둘 건 따두자고 마음먹었다. 2회 추천을 거쳐야 기성 대접을 해주는 격식에 비추어 '파양' 또한 데뷔작인 폭인데 제목 한 번 데데하다. '분신' 생산자의 이름으로 이래저래 미안하다.

자기 작품을 사랑할 줄 모르는 작가는 불행타 하랴. 그러나…… 그러나 때로는 그것도 힘이 되는 역설을 이따금 떠올린다. 들이굽는 팔을 남 앞에서는 내굽는 것처럼 보이려는 안간힘을, 겸손을 넘어 위장을 넘어 어떤 용틀임의 원천으로 삼을 수도 있을까. 문학의 넓고

다양한 오지랖 하나 믿고 괜찮다…… 괜찮다 자위할 수
도 있을까.

세배하러 간 어느 해 정초였던가. 동리 선생이 하신
말씀을 그 뒤로도 가끔씩 생각했다. "신문 칼럼에 비해
소설은 문예적이더라"는 덕담의 뜻을.

배가 '쌀쌀' 아팠던 시절

내가 다닌 국민학교 6년은 일제 36년의 마지막 6년이었다. 일본의 막바지 동화정책이 갈수록 기승을 부리던 시기다. 특히 초급학교를 통한 황국신민화 교육이 이미 30년째 진행된 터라서 조선어 시간이 아예 없어진 것은 오히려 늦은 감이 있을 정도였다.

학년이 올라감에 따라 선생님들은 학교 밖에서도 반드시 일본말을 쓰도록 닦달했다. 그렇다고 일본어 학습을 체계적으로 시키는 과목이 따로 있는 것도 아니었다. 전과정을 일본어로 가르치고 배우는 과정에서 스스로 익히도록 내버려두었기 때문에 아이들의 일본말 솜씨라는 게 우습기 짝이 없었다. 어떤 학교 아이는 "선생님 배가 쌀쌀(살살) 아파 변소에 가고 싶습니다."를 "센세이. 하라가 고메고메 이타이데스."라고 말했다는 소문마저 돌았다. '하라'는 배腹다. '이타이'는 아프다는 뜻인데, 문제는 '고메고메'다, '고메'는 쌀米 아닌가. 하지만 '쌀쌀'에 해당하는 일어 부사를 몰라 죄 없는 '고메'를 부랴부랴 두 번 끌어다가 미칠 지경으로 다급한 복통을 호소한 것이다. 그냥 아프다고만 했으면 될 것을 괜히 멋부리는 바람에(?) 우세까지 산 격이다. 선생님과 함께 자글자글 웃은 다른 아이들이라고 '쌀쌀'에 걸맞는 똑떨어진 일본말을 알고 있었을까. 모르기는 매일반이면서도 얼토당토않은 '고메고메' 착상이 우스워 배꼽을 잡았을 것이다. 이제 와 생각하면 '슬픈 복통'의 시간이었다.

그럴 무렵 '벌칙 메이시'(명함)라는 것이 생겼다. 일종의 딱지였다. 학급별로 앞앞이 열 장 정도씩 나눠준 다음, 어떤 아이 입에서 조선말이 나오는 순간 먼저 발견한 아이가 발설자의 '메이시'(선생님의 도장이 찍힌) 한 장을 빼앗도록 했다. 일정 기간이 지난 후 선생님이 각자의 딱지 수를 하나하나 점검한다. 많이 가진 자에게는 말로나마 상을 주고, 적게 지녔거나 동이 난 자에게는 경고를 준다든지 변소 청소 따위 페널티를 먹였다.

치사하기 짝이 없는 발상이다. 아이들 특유의 경쟁심리를 부추겨 서로 감시 고자질하게 만든 비교육적 수법이었으나 아이들은 눈에 불을 켰다. 한 장이라도 더 챙겨 선생님의 꾐을 받으려는 생각 이전에 뺏고 빼앗기는 게임의식에 곁들인 장난기가 섞이지 말란 법 없다. 무얼 넣 놓고 바라본다든가 땅뺏기 같은 놀이에 열중해 있는 녀석의 등덜미를 느닷없이 툭 치면 제물에 "아얏!" 소리가 터지기 마련이다. 틀림없는 조선말이다. 감히 잠꼬대까지 일어로 중얼거릴 만큼 길들여지지 않은 한 효과 백퍼센트의 기습이다. 여학생의 "어머!"도 마찬가지다. 자연히 싸움으로 번질 수밖에 없다. 비겁하다느니, 아무튼 조선말은 조선말이니까 잔말 말고 '메이시'를 내놓으라커니 우기는 둥, 도처에서 시비가 벌어졌다. 개중에는 역공으로 치고 나와 위기를 모면하는 녀석도 있었다.

"좋아, 그렇담 너도 당해봐라."

말과 동시에 상대방의 정강이를 전광석화처럼 세게

걷어찬다.

"아얏! ……이 자식이."

"거봐, 너라고 별 수 있어? 너도 조선말로 '아얏' 했으니까 피차 빚을 갚은 거다."

"아냐 임마, 보통 때는 '앗 이타이!' 이러는데 네가 하도 빨리 발길질을 하는 통에 그 말이 목구멍으로 나오다가 엉뚱한 조선말이 먼저 튀어나왔단 말이다."

"얼씨구. 그게 그거지 임마. 솔직히 말해. 너는 집에서 느네 어머니가 아무개야 부를 때도 '네' 하지 않고, '하잇' 이러냐?"

"그건 집이지. 여기는 학교다 너?"

"선생님이 뭐라고 그러셨게. 학교 바깥에서도 고쿠고조요(국어 상용)하라는 말 못 들었어?"

싸움은 흐지부지되고 두 아이는 멋쩍게 헤어지기 쉬웠다. 아닌 게 아니라 집에서는 할아버지 할머니를 비롯한 부모형제들과 타고난 조선말을 상추쌈에 된장을 얹어 먹듯 자연스레 입에 달고 지냈다. 그런 처지에 학교에만 가면 "아얏" 소리까지 일본말로 내질러야 하는 부담이 어린 마음을 노상 긴장시켰다. 비단 '고메고메' 뿐인가. 국민학생 수준으로는 도저히 일역日譯하기 힘든 일상어가 수두룩했다. 방금 언급한 상추쌈이나 상추도 그렇다.

한 친구는 훗날 회고했다. 국민학교에 다닐 때 자기 반에서 실지로 있었던 일이라면서 예를 들었다.

"봄이었어. 수업 중이었는데 한 놈이 느닷없이 소리를 지르지 뭐냐. 창밖에 한눈을 팔다 말고 돼지가 상추밭에 들어가 상추를 막 먹고 있는 장면을 목격한 거야. 큰일났다 싶어 선생님을 향해 외친 일본말이 무언 줄 알아? '센세이. 부다가 구사오 다베마스' 이랬다구. 부다는 돼지고, 구사는 풀이고, 다베마스는 먹는다는 뜻이니까 말이야 통하지만 문제는 구사 아닌가베, 상추의 일본말을 몰라 풀로 대신한 셈이야. 애들이 와 웃을 밖에. 하지만 돼지가 상추 밭을 결딴내는 걸 못 참아 내지른 비명이 얼마나 본능적이냐. 지나 놓고 보니 그래. 농민의 자식이 아니면 이해 못할 일이겠지. 그딴 의미 부여는 여하간에, 사실은 갈갈갈 따라 웃던 나머지 놈들이나 나나 상추의 일본말이 뭔지 몰랐다구. 선생님은 아셨을까. 하물며 상추쌈 같은 말을."

지금은 저세상 사람이 된 친구의 옛이야기가 속절없다. 동감하면서, 내친김에 자작으로 엉뚱한 소설조 망상을 펴 상추 이야기의 뒤를 이으면 어떨까 한다.

"선생님, 상추쌈을 일본말로는 무어라고 한대요?"

한 아이가 물었다. 딴 뜻이 있어서가 아니다. 덩달아 웃다가 상추의 일본말이 궁금해서 여쭙는 말이라는 걸 우리들은 짐작했다. 아주 쉬운 말이 막상 일어로는 어려운 게 많았다.

"상추쌈? 글쎄다. 얼핏 생각나지 않는구나. 나중에 알아봐서 대답해주마."

선생님은 조금 무안한 얼굴로 말씀하셨다. 조선인 선생님이 그 뒤에 따로 대답을 해주셨는지 어땠는지는 분명치 않지만, 아이들의 표정엔 그렇게 간단한 걸 모를까 싶은 의문이 잠깐 머물렀던 기억이 확실하다. 그러나 그건 결코 쉬운 게 아니었다. 식자깨나 든 동네 아저씨 한 분을 우연히 만나 그것을 깨닫게 되었다. 당장은 그도 잘 몰랐다. 며칠 뒤 일부러 나를 불러 일러주었다.

"상추쌈이란 말이 일본엔 없다. 굳이 번역하면 상추를 일어로 '지샤'라 부르고, 한문으로는 상추 '와?', 상추 '거?', '와거'라고 쓴다. 그러니까 상추쌈을 의역하면 지샤메시飯가 되겠지."

혹 떼러 갔다가 혹 붙이고 온 격이었다. 무슨 뜻인지 도통 이해하기 어려웠다. 지금이니까 희미한 옛 기억을 더듬어 이렇게나마 재현할 수 있다. 아쉬운 대로 사전을 뒤져 그 인텔리겐치아의 대답을 적당히 뜯어맞춰 옮겼을 따름인데 당시에는 뭐가 뭔지 긴가민가했다. 다만 먼 나중에 나는 또 떠올렸다. 한 나라 언어로 다른 나라의 언어를 정확히 설명한다는 것은 애시당초 글러먹은 일이라고. 한 언어가 다른 언어를 타고 넘어 흘러가는 물 퍼주듯 감정 이입移入이 자유롭기를 기대하는 것은 백년하청의 백일몽이나 진배없다고.

아이들의 명함 쟁탈전은 계속되었다. 여전히 조선말은 가깝고 일본말은 멀었다. 하다보니 "아얏!" 소리를 빌미 삼아 피장파장 서로 없던 일로 묻어두는 행위 같은, 일대일의 암거래까지 등장했다. 내가 지난번에 너를 봐주었으니 이번엔 네가 나를 눈감아 줄 차례라는 투로 말이다. 제삼자가 있는 것도 아닌 단둘만의 시간인데, 골치 아픈 일본말은 집어치우자. 툭 터놓고 우리말로 실컷 지껄이자. 의좋게 합의하는 예도 흔했다.

엇비슷한 시기였다. 동네의 누구네 대문기둥에 지금

까지 보지 못했던 패목牌木이 띄엄띄엄 붙기 시작했다. 문패보다는 훨씬 홀쭉한 나무판대기 위쪽에 적색 히노마루(일장기)를 그려 넣고, 그 밑에 '國語常用の家'(국어상용의 집)라고 쓴 것이었다. 그걸 달도록 한 기관이 부청府廳인지 학교인지는 잘 모르겠다. 하여튼 그 집 식구들은 전부 일어를 해득하고 있다는 표지다. 우리 동네에서도 더러 눈에 띄었다. 국어를 상용하는 집이라고 했으니까 권속들끼리도 서로 일어로만 얘기를 주고받는지 어떤지는 분명찮았으나, 웬만큼 영예로운 일로 여기는 것 같았다. 그댁 주인이 관리이고 중학교에 다니는 아들딸이 각각 하나씩이던가? 하지만 동네사람들은 영예가 부러운 게 아니라 물자배급의 혜택 쪽에 더 관심을 쏟았다. 세대주가 관청에 다니기 때문에 안 그래도 여느 사람보다 배급량이 많은 터수에 저런 팻말까지 달았으니 오죽하랴 하는 시선으로 대하는 것 같았다.

그런 시대였다. 쌀, 보리, 밀가루, 검정 고무신, 흰 고무신, 운동화, 담배(궐련보다는 '기자미'로 통하는 머리칼처럼 잘게 썬 살담배), 설탕, 소금, 술, 성냥, 양초, 세탁비누, 광목, 석유, 콩기름, 고구마……, 막판에는 콩기름 찌꺼기인 콩깻묵에 이르기까지 갈수록 양이 줄어

드는 배급물자에 대해 다들 신경을 곤두세웠다. 식량과 소금류 생필품을 뺀 소비재는 할당된 양이 적은 까닭에 흔히 반상회에서 제비를 뽑아 타가는 순번을 정했다. 그 자리에는 나도 가끔 나갔다. 어차피 제비를 뽑아 결정하는 것이므로 네 재수를 한번 믿어보자는 속셈에서 가족대표로 내보낸 것이다. 다른 건 그만두고라도 운동화나 한 켤레 얻어걸렸으면 하는 욕심으로 기꺼이 참석했으나 번번이 행운이 따르지 않았다.

'국어상용의 집' 문패는 창씨개명으로 바꾼 성씨 역시 일본 냄새를 물씬 풍기는 수가 적지 않았다. 다른 집이라고 얼마나 다르랴. 물자배급과도 관련시켜 몰아붙이는 통에 도리없이 성을 갈기는 갈았으나 대개는 그게 그거였다. 김씨 성을 가진 이들은 되도록 쇠금金자를 벗어나지 않으려고 했다. 가네야마金山, 가네모도金本, 가네자와金澤 식으로 본래의 성 주변을 맴돌았다. 이씨 중에는 리노이에李家를 택하는 사람도 있었다. 우리 발음으로는 '이가'다. 이가는 이가李哥와 통한다. 얼마나 희한한, 아니 눈물겨운 정체성 확인의 고집인가. 박씨는 어떻게든 나무 목木자의 뜻을 살리려고 애썼다. 수풀 림林자 임씨와 버들 류柳자 류씨는 그런대로 덕을 본 셈이다. 일본 성에도 그와 같은 성이 있을뿐더러 발음도 ‘하야시’, ‘야나기’로 같기 때문에 굳이 창씨를 하지 않아도 되었기 때문이다. 본래의 성명 삼자대로 두는 것이 마음에 걸리면 이름만 슬쩍 고쳤다. 우리집에서는 파자破字 형식을 택했다. 높을 최崔는 뫼산山, 착할 가佳의 모듬글자니까 둘로 나누면 그만이다. 그래서 ‘야마요시山佳’로 억지 창씨를 했다. 그런가 하면 여산 송宋씨는 본관인 여산礪山을 아예 성으로 삼아, ‘도야마’로 불렀다. 그런데 ‘국어상용의 집’에서는 너무나 일본적인 성, 이를테면 ‘나카노中野’니 ‘요시무라吉村’니 하는 문패까지 더러 달고 나왔다. 선명한 태도와 차별성이 두드러졌다.

어깨너머로 본 어른들의 세계는 그렇다치자. 경황없이 몰아대는 환경에 휘둘려서, 또는 굳어질 대로 굳어진 식민체제의 복판에 서서, 별달리 의지할 곳이 없기 때문에도 아이들은 학교에서 시키는 대로 자진해서 춤을 추었다. 그만한 동기부여의 구실을 하는 것이 언어였다. 말을 빼앗기는 것은 민족의 혼을 빼앗기는 것과 같다는 진리 터득은 결과적으로 까마득한 미래의 일이었다. 알퐁스 도데의 「마지막 수업」도 세월이 한참 지난

다음에 남의 나라 이야기로 감동 깊게 읽었다.

그럴수록 떡잎 인생의 여린 감성을 한꺼번에 들이쑤신 황당한 체험이 쉬 잊혀지지 않는다. 막 글눈을 뜨기 시작한 소년의 학교는 곧 일본이 기도한 첫 단계 훈련장이나 다름없었으므로 백지장에 번진 먹물인 양, 두고 두고 기억이 생생하다.

라일락이나 마로니에

지금은 '대학로'로 이름이 바뀐 동숭동 교사로 수복한 대학에 처음 발을 들여놓은 것은 53년 가을이다. 부산 대신동 산비탈에 웅크리고 있던 서울대 문리대가 비로소 제자리로 돌아온 것이 그 무렵이다. 부산에서 신입생 등록만 마친 동기생들이 1년 남짓 뿔뿔이 헤어져 있다가 얼굴을 맞댄 것도 그때였다. 아니다. 헤어진다는 것은 한동안의 사귐을 전제한 이별의 개념이다. 혹은 부산의 피난 교사에서, 혹은 자기 고향의 도청소재지에 있던 전시연합대학에서 더부살이 공부를 따로따로 하던 처지에 '재회'라니 사치스럽다. '이름도 몰라

요, 성도 몰라'로 아까운 세월을 뭉갠 끝에 서로 뜨악하
게 만났을 따름이다.

더구나 이미 2학년이 된 동기들과 수인사를 하기 전
에 말로만 듣던 붉은 벽돌 교사와 먼저 대면했다. 상아
탑이 이런 곳인가 싶은 반가움과, 항상 외포畏怖의 대상
이던 그림 같은 선교사네 벽돌집에 대한 유년의 기억이
뜻밖에 겹쳤다.

방금 치르고 온 기아선상의 '실존적' 고비라든가 살
육현장을 적잖이 목격한 탓으로, 당시의 대학생들은 어
지간한 일에 놀라지 않는 겉늙은 티를 곧잘 냈다. 알고
보면 그것도 교복대신 걸치고 다니던 염색한 군복과도
같은 위장 아니었는가 싶다. 뒤집으면 슬픈 생살이 당
장 노출되면서, 겁먹을 것에 겁먹고 동경할 것에 동경
하는 시골뜨기에 지나지 않았다.

우선 앞을 딱 가로막은 것이 서울이다. 서울은 기부
터 죽였다. 특히 토박이 서울 말씨가 그랬다. 이태준의
「복덕방」에 등장하는 '안초시' 또래 영감이 눈을 치뜨
고 앉아 "학생 시굴서 왔나보구먼." 했을 땐 괜히 오금
이 저렸다. 박태원의 『천변풍경』에 나오는 서울 사투리
를 실제로 듣고 경험하는 재미가 쏠쏠한 반면, 쓸데없

이 주눅 드는 느낌에서 헤어나기 어려웠다. 노인의 한 마디 말이 이럴진대, 서울서 자란 때깔 고운 여학생과 대화나마 옳게 나눌 수 있을까 걱정되었다. 청운의 뜻과 동의어인 서울은 나를 답삭 안아주기커녕 대뜸 날씬한 말투로 발을 친 셈이다.

못지않게 나를 놀라게 한 것은 학교 운동장 가장자리에 있던 노천 소변기였다. 얼마 전까지 미군부대가 학교를 병영으로 징발해서 썼던 까닭에 교내에는 미처 철거하지 못한 소변 전용시설이 두어 군데 남아 있었다. 말이 시설이지 철조망 옆에 달랑 고착시킨 대형 깔때기에 불과했다. 양쪽에 판자를 세워 '작은 볼일'을 겨우 가려준 폭이었는데, 내가 새삼 기억하고자 하는 것은 변기의 '높이'였다. 단구였기 때문에 그랬을 거라고 누군가 아는 척을 하면 곤란하다. 키가 웬만한 녀석들도 오줌발을 그 높이까지 뿜어올리지 못하고 한데에다 질질질 흘리는 걸 보았다.

고향에서는 GI문화에 세뇌당할 겨를조차 없이 이미 '시 레이션C ration'의 희한한 내용에 홀렸다. 전투 중이거나 야영하는 병사들의 하루치 식량 케이스라고 했던가. 그런데도 없는 것이 없었다. 햄, 커피, 담배, 껌 등이 포장도 야무지고 예쁘게 차곡차곡 들어 있었다. 이러니 왜놈 군대가 정의의 사도 유엔군에게 쪽도 못 쓰는 건 당연해. 제놈들이 무슨 수로 당해내겠어? 사람들은 이렇게 경탄해 마지않았다. 거기까지는 좋았으나 그것이 또 배달민족 출신 양공주의 화대로도 둔갑하는 판이었다. 그런 경황을 겪고 서울에 온 나는 하필 그들의 오줌통 높이부터 난데없이 확인하게 되었다. 속으로 넉장거리를 할 밖에.

상경 초장은 그렇게 어수선했다. 하지만 설설 기지는 않았다. 비록 새가슴일망정 가슴팍에는 쪽빛 바탕에 대학 이름을 새긴 배지를 달았겠다, 억지 희망이라도 붙잡자고 기를 썼다. 그리고 놀라운 친구와 곧 조우했다. '어령李御寧이'가 장본인이다. 저나 내나 보따리 싸짊어지고 올라오기는 마찬가지인데다, 나이로 치면 나보다 한 살 밑인데도 그는 애초에 노는 품이 달랐다.

언제 그토록 많은 책을 읽었는지 박람강기博覽强記의 황홀한 지경이 부러웠다. 막힘없이 좔좔 흐르는 언변은 즉 논리정연한 글이었다. 같은 말을 반복한다든가 더듬는 경우마저 드문 동기생 앞에서, 나머지 '청중'들은 귀를 활짝 열고 간간이 터뜨리는 그의 반어적 해학을 주워담기 무섭게 웃을 준비만 하면 되었다.

'어령이'의 진면목은 탈국문과 수준의 앞서 가는 눈으로 더욱 빛났다. 그는 조국의 해방과 더불어 되찾은 우리 글에 대한 연찬을 바탕으로 선진문화에 대한 기발한 해석력을 일찌감치 다졌다. 특유의 감각과 지식 섭렵으로 불문과, 영문과, 독문과 아이들의 기선을 제압하고 나섰다. 이상하게도 국학이 기를 펴지 못하고 서구문화 중심의 비교우위론이 판을 치는 분위기 속에서 그의 비국문과적 담론이 전공을 넘어 화려했다.

어떤 과를 막론하고 당대의 인문학도들은 실상 서구지향으로 많이 흘렀다. 참담한 전화의 뒤끝을 제대로 감당하고 소화하기 어려워 눈을 밖으로 돌리려 애썼다고 볼 수 있는데, '문리대 아이들'은 특히 프랑스 문물에 엔간히 탐닉했다. 허세를 부렸다면 그만이다. 가까스로 터득하기 시작한 바깥세상 인식의 실마리를 마침불어 닥친 실존주의에 무임승차하는 형식으로 풀었대도 상관없다.

사르트르와 까뮈 작품은 필독서였으며, 그중에서도 「구토」와 「이방인」이 그들을 사로잡았다. 로캉탱(「구토」의 주인공)을 모르면 화제에 끼지 못할 정도로 극성을 떨었다. 나이테를 한 라운드 올려잡은 앞 세대들이 「죄와 벌」의 라스콜리니코프를 그토록 문학의식의 한복판에 끼고 살던 내력과 무엇이 어떻게 다른가? 그걸 살필 여유조차 없이 나댄 프랑스 문학에의 경도는 교정에 딱 두 그룬가 밖에 없는 마로니에 자랑으로까지 뻗쳤다. 기껏 파리의 가로수에 불과한 나도밤나무류類를 가지고.

덩달아 라일락도 흠모의 대상이 될 줄이야. 한문으로는 정향丁香이라 부른다는 걸 안 것은 나중 일이고, 아닌 게 아니라 향기가 기막혔다. 고향 산천에서는 왜 그걸 못 보았던고? 맨드라미, 앉은뱅이, 분꽃, 접시꽃, 봉선화 따위, 정지용의 표현을 빌자면 '아무렇지도 않고 예쁠 것도 없는' 꽃들만 보아온 터였다. 아네모네, 히아신스, 글라디올러스, 튤립 같은 하이칼라 꽃들의 이름이야 귀동냥했을지언정 시정視程에는 아직 친숙하게 들어오지 않을 때였다.

허름한 작명作名으로 아이의 요절을 막으려는 발상이 꽃 이름마저 토속적인 냄새를 풍기도록 했을까. 며느리밑씻개는 뭐고 쥐똥나무는 또 뭔가. 노루오줌이란 풀은 노루 오줌 색깔과 유사하단 말인지 아리송하다. 이런 판인지라 교문 앞 울타리를 샛노랗게 물들이는 개나리인들 시건방떠는 자들의 눈에 찰 리 없었다. 저 혼자 피고 질 따름이었다.

마로니에와 라일락 향내를 바치다 못한 프랑스 문화 수요의 '선각자들'은 드디어 샹송까지 흥얼거렸다. 그리고 어느 여름날 그런 모임을 학생회관에서 열었다. 어쩌다 간직하게 된 당일의 팸플릿(등사판으로 민)을 보자.

겉장에 쓴 명칭부터 불어로 나간다.

L'après-midi de Chansons de Paris. 「파리 샹송의 오후」라 적고 그걸 수식하는 말 '오라, 들으라, 그리고 감상하라!!' 끝엔 느낌표를 두 개나 찍은 것이 예스럽다. 주최는 '문리과대학 샹송애호가 클럽'이고 후원은 같은 학교의 바둑애호가 클럽과 당수애호가 클럽으로 돼 있다. 어느새 당수 클럽이 생겼으며 그처럼 억센 클럽이 샹송 잔치를 후원하다니, 생각하면 즐겁고 우습다. 46명의 발기인 명단 가운데 지금 내가 아는 이름으로 최정호崔禎鎬, 심상기沈相基, 이태주李泰柱, 임재경任在慶 등이 보인다.

한데, 막상 열린 '상송의 오후'는 초라하기 그지없었다. 상송 분위기와는 거리가 멀었다. 웬 된장 항아리? 웬 풋고추 부대? 노래하는 친구 하나 없이 물에 씻지도 않은 풋고추를 생된장에 찍어 막걸리들만 퍼마셨다. 프랑스 대혁명 기념일인 7월 14일에 맞추어 벌인 행사였다. 유인물에는 티노 로시, 다미아, 이본느 조르주, 장 소르비에 같은 가수들이 부른 가사도 원문대로 프린트되어 있었다.

요새 학생들이라면 그렇게 어줍은 퍼포먼스를 꿈꾸지조차 않을 뿐더러, 비음鼻音을 곁들인 혀 꼬부라진 소리로 남의 나라 노래를 부르다니 대단한 망발로 쳤을 테다. 그로부터 한 30년 세월이 지난 뒤였다면, 사물놀이 패를 동원하여 작신작신 두들겨댄다든가, '노찾사' 그룹을 앞세워 운동권 노래를 합창했을지 모른다. 그런데도 어찌 마로니에와 라일락과 실존주의를 버무린 프랑스 정조情調에 도취했을까. 그런 나머지 상송까지 들고 나왔을까. 더구나 미국을 놔두고 우리와는 별 상관없는 나라의 문화 취향을 짝사랑한 셈이다. 연막탄을 피우듯 소독약을 뿌리는 아저씨 뒤를 졸래졸래 따라붙는 동네 꼬마들처럼, 그들을 따라 희희낙락 '의제擬製

파리풍風'을 기웃거린 내 주제에 잘 알 수가 없다.

　자신들의 썰렁한 주변을 되돌아보기 싫어 지적 피난을 기도한 셈일까. 그게 아니라 막 전쟁 마당을 뚫고 온 앳된 지식인의 친화력으로, 죽음과 실존을 다룬 문학이 눈앞에 펼쳐진 상황을 보고 대뜸 빨려들어간 측면이 컸나보다. 약간 허무적이고 약간은 그걸 극복하는 나른한 암시까지 곁들인 그쪽 이야기(소설)에 그래서 혹했을 것이다. 어떻든 그립다. 별다른 의미가 없어 좋았던 그때 그 치기가.

부실했던 모국어 공사

사범학교를 나왔으면 곱게 교사생활로 들어가 생을 보내는 것이 옳았을지 모른다. 두 번씩이나 대학원에 입학하여 '학문의 길'을 넘보았으면 일단 석사학위나 따고 볼 일이었다. 50년대 중반에 한 번(고려대), 80년대 초에 또 한 번(단국대), 각각 2년과 3년씩 꼬박꼬박 강의를 들었다. 그런데 막상 학위논문을 제출해야 할 단계에서 번번이 주저앉았다.

등록금이 아깝다. 두 세월을 합치면 '네트'로 5년 아닌가. 논문 제목과 내용까지 정하고, 전제조건으로 따라붙는 영어와 제2외국어 시험을 치르느라 고생한 공력이 스스로 가상하고 가소롭다. 지도교수로 모시던 조지훈 선생의 성북동 댁 출입이 이제 와 부끄럽다.

두 차례에 걸친 석사 기회 포기는 언론으로 가는 문이 그때마다 갑자기 열렸기 때문이다. 그런 계기가 느닷없이 찾아왔다고는 하지만, 그쪽 일에 대한 어지빠른 소양이나 미련이 아예 없었다면 응하지 않았을 것이다. 50년대의 신문사 문화부장 입사는 여성지 『여원』 편집장으로 있던 시절이라서 상대방 제의에 부담이 없었다. 80년대의 복직은 전두환 정권 때 당한 해직사태(80년)의 명예회복을 겸한 까닭에 더구나 마다할 이유가 없었다.

그리고 3년 후, 이번에는 내 자유의사에 따라 언론을 떠났는데, 생각하면 퍽 공교롭다. 그만한 사정이야 어떻든, 30년 가까이 신문에 종사했으면 그 동네에서 끝장을 볼 일이지 소설로 다시 홀로서기를 작정하다니 멋쩍었다. 그러나 마음은 한없이 편했다. 오래 타관살이를 하다가 드디어 환고향한 기분에 들떴다. 한 작가로서 무엇을 얻었는가 따위, 계산을 손꼽기 전에 지금은 다만 다행스럽다는 마음이 앞선다.

사실이 그러하기로, 현실의 어느 직역職域에 있건 작

가의 길을 한번도 버린 적이 없다는 투로 말할 처지가 못된다. 밥을 벌기 위해 이리저리 나대다가 애초에 마음먹은 동네에 안착한 것이 스스로 흡족했을 따름이다. 그러기엔 주제넘게 대학사회의 서릿발 같은 탐구정신을 기웃거린 반거들충이 짓이 무안하다. 그러기에는 내가 반생을 의탁한 언론에 염치없다. 살내리는 언론의 내부 경쟁에서 배겨날 수도 없었으려니와, 나대로는 지금도 애착과 친밀감에 차 있다.

이때 유의하는 것이 우리 사회의 덜 개발된 작가관이다. 작가를 보는 눈이 외길의 결벽성에 치우쳐 다양하지 못한 느낌이다. 소설을 쓰기 위해서는 국문과를 나와야 한다는 고정관념부터가 요새는 좀 마음에 걸린다. 나 자신이 그렇기 때문에 더 회의한다. 이런 상투적 인식에 대한 '배반'과 '돌출'이 많아지고 그만큼 경험의 폭이 넓었으면 싶다.

아무튼 나의 언론과 문학에 걸친 '양서류' 생활은 오래 계속되었다. 이런 한국적 관례는 다 아는 대로 역사가 꽤 길다. 말과 글 중심의 언문일치운동 아닌, 언론인과 문사의 협동이라는 뜻의 '언문言文일치'였던 셈이다. 소수 지식인들이 문학과 언론을 넘나들면서 문화의 판을 짜던 시절이라 그렇기도 했겠는데, 50년대에는 밥벌이 차원에서 청년 지식인들이 신문사에 꾸역꾸역 모여들었다. 반반한 취직자리라고는 학교와 은행과 언론사가 고작이던 때다. 입신 출세를 보장하는 고등고시가 있었으나 그것은 별도의 세계였다.

그러나 옛날처럼 문사의 기득권을 바탕으로 초빙되는 신문사가 이미 아니었다. 전문지식과 전력투구를 요구하는 직장이었다. 그래서 선우휘 씨도 자신의 창작집인 「귀향」에 적었다.

"편집국장이라는 실무가 소홀히 될까봐 일부러 안 쓴 기간도 5~6년이 되지만, 그 때문에 오히려 나는 소설을 쓴다는 뜻이 무엇인가를 더 깊이 깨달았는지 모른다"고 했다. 신문기자가 생활의 귀중한 방편임엔 틀림없지만, 자기에게는 소설을 쓸 수 있다는 보루가 남아 있다는 생각에서 언제 그만두어도 좋다는 마음의 여유를 가질 수 있다고 덧붙였다. 어떤 사상事象을 직업적인 저널리스트보다 냉철히 관찰할 수 있는 인간의 영역이 있음을 발견하고, 그런 영역에의 접근이 문학의 임무임을 깨달았다고 말했다.

애기가 다소 튀는 감이 없지 않지만 헤밍웨이의 이른

바 하드보일드한 직절체直截體 문장은 그가 청년시절에 체험한 신문기자 생활에서 얻은 것이라는 말이 있다. 고등학교 시절 교내 주간지 편집자였던 경력을 사준 것인지는 몰라도, 고교를 졸업하던 해(1917)에 터진 제1차 세계대전에 그는 참가하지 못했다. 권투 연습 때 입은 눈 부상으로 참전을 포기한 채, 숙부의 추천에 따라 『캔자스 스타The Kansas Star』지 기자로 들어간다. 한데 그에게는 이 신문사의 스타일 북(기사 작성의 요령과 규칙)이 문장 수련에 안성맞춤의 거울이 되었다(김병철 「헤밍웨이의 사람과 작품」). 「스타」지의 문장규칙 제1조는 '짧은 문장을 쓰라. 짧은 제1 페러그라프를 쓰라. 강력한 영어를 쓰라. 소극적이 아니라 적극적으로 쓰라'였다. 그런가 하면 제3조는 '낡은 사투리를 쓰지 말라'는 것이었다. 제20조에 이르면, 지침은 더 좀 세밀해진다. '엄청난 형용사를 사용하지 말라' 못 박고는, 빛나는splendid, 찬란한gorgeous, 웅대한grand, 장대한magnificent 등의 단어들을 예시했다.

이것은 신문 문장의 일반적 규범이다. 오늘날의 우리나라 신문 문장과 비교하면 짐작이 갈 것이다.

내가 신문사에서 배운 것도 이와 비슷하다는 뜻이 아

니다. 견강부회가 지나치달까봐 두려운데, 말하고픈 진의는 따로 있다. 어디에 서 있건 마음의 항산恒産이 있으면 항심恒心이 따르기 마련이라는 것을 지적하는 데 그친다. 소설 내지 글장이의 눈만 고르게 가다듬으면 어지간한 풍경이나 인심을 모두 내 것으로 챙길 수 있다는 여유를 회복하고자 할 뿐이다.

아마 대부분의 문학인은 자신의 조숙을 시인할 것이다. 긴 눈으로 보면 결코 좋은 징조가 아니라고 믿되 그걸 정설로 내세우지는 않겠다. 어디까지나 내 경험에 비추어 하는 소리다.

글쓰기는 특히 음악이나 미술 등 인접 예술과 다르다. 이들 예능 분야는 아무리 출중한 재주를 타고난 아이라 하더라도 거쳐야 할 단계를 대번에 뛰어넘기 힘들다. 사사하는 스승이 있어야 하고, 오선지나 악기, 또는 캔버스가 주는 제약에서 끝내 자유롭지 못하다. 문학이라고 그런 것이 없을까마는 상대적으로 출입하기 수월하다. 무한한 상상력 허용이 약간의 '문재아文才兒'를 부채질하기 십상이다.

조숙하지 않고서야 어린 가슴 속에 '영감타구' 하나

씩을 들어앉힐 까닭이 없다. 애늙은이의 발상으로 남의 삶을 다 안다는 듯이 묘사하고 설명할 리 없는 것이다.

반드시 조숙해서 그런 건지 무엇에 씌어 그랬는지는 분명찮지만 나야말로 그랬던 셈이다. 어른들의 귀여움을 받아 작문을 부지런히 지었다. 해방 이듬해인 1946년 2월, 고향 전주에서 발행된 어린이 잡지에 창작동화의 '필자'로 등장하는 영광을 누렸다. 그때 나이 14세였다.

나도 정확한 나이를 이번에야 알았다. 이 글을 쓰기 위해 케케묵은 잡동사니를 뒤지다가 확인했는데, 반세기를 훨씬 넘어 대하는 내 생에 최초의 활자본活字本 작품이었다. 무턱대고 지난 물건들을 버리기 좋아하는 성미로는 희한하게 오랫동안 간수해온 일과 함께, 아니 할 말로 감회가 새로웠다.

잡지 이름은 『파랑새』. 국판 32쪽짜리였는데 아동지로는 아마도 해방 후 처음이거나 두 번째쯤으로 손꼽히지 않을까 생각한다. 신석정 시인의 지도 아래 백양촌, 김영만, 김목랑, 김표 선생 등, 당시 전주의 문학 동호인들이 만들었다. (김영만 수상집 『된 사람, 난 사람, 든 사람,』) 그중에서도 김영만 선생의 공이 컸다. 경성사범

출신으로 우리나라 잡지 편집의 제일인자였던 선생은, 그 후 서울에서 『어린이 세계』를 내고 월간 『여원』 (1956)을 획기적인 스타일로 바꾼 분이다. 내가 그 잡지 편집장으로 들어간 것도 선생님 덕이다.

아무튼 그때 쓴 동화는 제목이 「불상한 玉順이」였다. 내용도 제목도 남의 글처럼 뜨악할 따름인데, 다 늦게 관심이 가는 것은 오히려 표기법이다. 국한문 혼용은 당시의 문장 세계를 반영한다치고, 구식 서술이 재미있다. 해방 직후 전주에 계셨던 가람 이병기 선생의 한글 맞춤법 강의에 나는 끼지 못했다. 그 탓인지, '일즉' '아해' '오래ㅅ동안' '있서요' '내노와라' '무서웁다' 같은 어휘가 눈에 설다.

'언문'을 깨치고 들어간 초등학교에서는 2학년 때부터 조선어 수업이 없어졌다.

해서 닥치는 대로 집 안팎에 뒹굴어다니는 일본 간행물을 읽었다. 제대로 이해도 못하면서 일역 세계문학전집이라든가 일본문학전집을 낱권으로 더러 손에 들기도 했는데, 재미있기로는 일본 배우들의 브로마이드가 잔뜩 실린 연예잡지만 못했다. 일본 작가들의 사소설을 읽으면서는 축 처진 줄거리를 좇는 대신, 가보지도 않은 동경시내 약도를 눈앞에 그렸다. 그들의 작품 속 인물은 어쩌자고 우에노, 메구로, 이케부쿠로 등속의 거리를 지겹도록 왔다갔다 했으니까.

내 문학의 떡잎은 이렇게 부실한 모국어로 시작되었다. 우리 작가들의 존함조차 대하지 못한 채 지내다가 너무 일찍 엉뚱한 짓을 했다.

「불쌍한 玉順이」 이후 5년 만에(1951년) 나는 또 『전북일보』에서 모집한 학생문예 소설부 당선자로 뽑힌다. 부상으로 사발시계를 받았는데, 정확하지는 않지만 국산이었던 것 같다. 요즘 교통체증을 두고 말하는 '가다 서다'를 반복했다. 그게 무슨 상관인가, 하교마다 '어깨'(깡패)가 득시글거리는 판에, 나는 문학적으로 어깨를 쟀다.

당시의 어깨들은 참으로 순진했다. 학교 대항의 패싸움을 벌일지언정 재크나이프는 비겁한 자의 무기로 간주하기 때문에 살끼리 맞부딪히는 육탄전으로만 승패를 가렸다. 품에 지니고 다니는 비밀무기랬자 검도용 목검에 두루는 '쓰바'(쇠힘줄로 만든 둥근 태)가 겨우였다. 사정이 이랬으므로 그들은 우리 또래 공부벌레를 되레 감싸려들었다. 나로서는 그게 부상으로 받은 사발 시계보다 나았다.

일된 글쟁이에 대한 특전特典은 거기서 그치지 않았다. 가당찮게도 몇몇 지역 신문에 단편 소설을 연재하게 되었다. 명절이다 기념일이다, 무슨무슨 이름 붙은 날에 '즈음'하여 콩트도 싣고 수필 등을 쓰다가 『문예』지에 「쑥 이야기」가 추천되면서 내 '오픈 게임'은 막을 내린다. 너무 일찍 겉멋을 부린 데 대한 자책에 그리고 시달렸다.

내가 자란 고향은 '예향'을 자처하기에 손색이 없을 정도로 사람이나 도시가 멋을 부렸다. 다방이나 음식점에는 서화가, 웬만한 집 마당에는 감나무 석류나무 따위 과목이 대개 서 있었다. 화초밭과 더불어 여유를 풍긴 데에다 음식 사치가 또 유별나 소비도시의 겉치레를 자아비판하는 소리가 예전에도 드셌던 편이다.

유홍준 교수가 『나의 문화유산 답사기』에서 다음과 같이 지적한 것은 따라서 전주에도 곧바로 해당된다.

"……집집마다, 식당, 다방, 심지어는 담배가게에도 그림과 글씨가 주렁주렁 걸려 있다. 액틀 하나라도 걸 줄 아는 것이 남도 사람들의 풍류인 것만은 틀림없지만, 그 내용은 의미도 모르고 읽지도 못하는 초서 현판, 있을 수 없는 공상의 산수, 감동은 빼버린 사군자 나부랭이들이다."

이 대목에서 나는 또 싹이 제대로 트기도 전에 위축된 자신을 멀리 바라보기도 한다. 멋모르고 문화의 땅을 구가하는 나르시시즘에 일찍 젖어, 내 문학의 기초가 초장부터 퍼슬퍼슬하지나 않았는지를 아프게 되새긴다. 유교수의 말마따나 갑오농민전쟁의 현장인 '시뻘건 남도의 황토'를 접어두고, 줄창 홍타령이나 읊지 않았는지 자괴한다.

그렇다고 아름다운 내 고향 전주가 어디 가는 건 아니지만, 남들이 문학을 통해서 분단의 철책을 넘기 위해 기를 쓰고 생채기를 핥으며 전쟁을 앓을 때, 나는 어째서 '쑥'을 붙잡고 늘어졌는가를 회상한다. 그래서도 더욱 안간힘을 다했다. 신문 제작에 코를 박고 사는 동안에 길들여진 쓰는 행위의 동일성 착각이라든가, 현실의 복사나 비판을 통해 창작활동의 결핍을 보상받고 있는 듯한 자위에 빠지지 않으려고 기를 썼다. 결과야 형편없던 말던.

문학적 노후관리

"항일 독립운동가이며 조선족 문학을 대표하는 소설가 김학철(金學鐵, 84) 선생이 유서를 미리 발표한 채 죽음을 맞을 준비를 하고 있다……"

2001년 가을로 기억한다. 9월 20일자 신문에 난 1단짜리 소식이 놀라웠다. '죽음의 준비'는 18일부터 시작한 단식을 가리킨다. 서울서 신병 치료를 마치고 돌아간 지 한 달 만이라고 했다. 중국 연변발 기사는 유서 내용까지 밝혔다. "작가가 책을 못 보고 글을 못 쓰면 이미 생명이 끝난 것"이라고 단정했다는 게다. 당신이 죽거든 조객을 받지 말고 추도식도 하지 말 것이며, 가장 가슴 아파할 처는 장례식에 참석하지 말라고 일렀다. 시신은 화장을 해서 '원산행' 꼬리표를 붙여 두만강에 뿌려달라 당부했다. 원산은 선생의 고향이다. 현재의 북한정권이 존재하는 한 가지 못할 태생지인데, 그로부터 열흘이 지난 29일엔 또 다른 신문을 통해 선생의 타계를 읽었다. 신문은 토를 달았다. '25일 사망'이 뒤늦게 알려졌다고.

처음 뵌 것은 선생의 나이 일흔셋일 때였다. 『샘이깊은물』 편집장 설호정 씨 청탁으로 부인과 함께 유숙 중인 낙원동 뒷골목의 한 장급 호텔을 찾았다. 공식 인터뷰 자리였으므로 이야기가 포괄적일 수밖에 없었으나 그분의 평생을 요령껏 집어내기에 알맞은 심방이었다.

선생에 대한 사전 지식이라고는 자전적인 소설 『격정시대』(전3권)와 1930년대 간도지방의 항일 무장투쟁을 그린 『해란강아 말하라』(전2권)를 읽은 것이 전부인 나에게 대뜸 명함 한 장을 내미셨다. 존함 삼자를 설명하는 '중국작가협회 연변분회' 신분이 밑도 끝도 없이 막연했다. 하지만 그때 받은 감동이 아직 새롭다. 많은 삶의 편력(인터뷰) 가운데 드문 격정의 생애를 그때 보았다.

'파란만장한 일생' 따위 언어는 노혁명가의 외다리 앞에서 너무 상투적이다. 원산에서 태어나 보성중학교를 다녔다. 광주학생 항일운동에 따른 동맹휴학을 하다가 윤봉길 같은 인물이 되고자 황포군관학교를 거쳐 국민당 군대에 편입된다. 곧 한계를 느끼고 팔로군 산하 조선의용군에 가담하여 본격적인 항일무장투쟁을 전개한다.

그런 과정에서 겪은 별별일이 참담했다. 일본군 사체에서 노획한 유품 중에 앞표지도 없고 뒷표지도 없는 조선글 책(소설집)을 발견하고, '아 우리 동포를 죽였구나' 비감했다. 일본 병사가 한글로 지은 책을 지녔을 리 만무였기 때문이다. 여러 단편 속에 '발가락이 닮았다'도 있었는데 그때는 뭐가 뭔지 미처 몰랐다. 광복 후 들른 서울에서 김동인 작품임을 뒤늦게 알고, 그걸 일러준 이태준 김남천 등과 크게 웃었다. 태극기를 그려 넣은 삐라에 눈물짓고, 팔로군과의 협동작전 때 잡힌, '와후쿠'(일본 옷) 입은 정신대에 기가 막혔다. 호가장 전투 때 총상을 입고 끌려간 나가사끼 감옥에서 썩어가는 다리 하나를 잘랐다. 명목상 '황국신민'인 까닭에 포로 대접 대신 반역죄를 뒤집어쓴 것이다. 선생은 남의 얘기하듯 당시를 회상했다.

"하루는 같이 옥살이하면서 친하게 지낸 일본 해군 소위가, 감옥 묘지에 묻은 내 뼈를 개들이 자꾸 파길래 때려 쫓았다고 하지 않아요? 그러면서 그 다리를 파 올 테니 보겠냐는 거예요. 보겠다고 했지요. 스물아홉 청년 때 아닙니까. 그랬더니 그는 새끼줄에다 내 다리뼈를 매어가지고 오더군요. 아주 해골이야요. 시커매졌더라구요. 그걸 둘이서 보며 앙천대소했습니다. 그리고 도로 가서 묻었지요. 그러니까 제 다리 하나는 일본에 있습니다."

더욱 가혹한 시련은 해방 이후로 이어진다. 돌아온 서울에서 문학을 마음먹었다. 이제는 군인이 될 수도, 그냥 놀 수도 없어 이태준 이무영 같은 분들과 접촉 도움을 받으며 문학수업에 진력했다. 살아낸 체험을 소설로 형상화하기 위해서다. 광복군의 장준하 선생이 그랬던 것처럼 의용군 시절의 선생 또한 문예 솜씨를 웬만큼 인정받은 터였다. 하지만 일 년 후엔 북으로 갈 수밖에 없었고, 북에서도 쫓기듯 중국으로 곧 떠나야 했다. 그간의 자세한 경위를 거둔 채 '조선반도를 떠나고 싶어 떠난 게 아니다'고만 했거늘, 중국에서는 또 반동으로 몰려 문화혁명 기간 동안의 감옥살이 십 년을 포함한, 전후 이십사 년을 강제노동 등으로 보냈다. 하늘 아래 몸 붙일 곳이 없는 세월이었다. 감옥에 간 것은 문혁 이전의 중국 정치를 날카롭게 비판한 장편소설 『이십세기의 신화』 때문이었다.

처참한 곤경 속에서 그래도 많은 소설을 남겼다. 앞에 든 작품 외에 단편집 『군공메달』, 『새 집 드는 날』, 『고민』 등을 내고, 『항전별곡』 같은 전기문학을 썼다. 조국 광복을 꿈꾸며 한창때를 전장에서 보낸 늦깎이 작가의 귀한 수확이다. 전반생은 『아리랑』의 김산을 닮았다. 소설로 엮은 후반생이 따라서 다행스럽다. 하다가 몸이 말을 안 듣자 작가 구실을 단식으로 접고 자진해서 죽음을 마중하러 나갔다. 장엄하달까, 섬짓하도록 의연한 기백이라고나 할까, 한 작가의 처연한 마지막에 감복하며 다 늦게 명복을 비는 마음이 그때 아팠다.

죽음도 출산만큼 자연스러운 인간의 당위요 경영이다. 죽음은 하물며 그렇다. 하지만 그게 어디 쉬운 노릇인가. 잘 죽기도 어렵고 무엇으로 기준을 삼느냐는 문제가 또 수월찮다. 때문에 ‘자연스럽게 죽는 것이 자연스럽게 사는 법'이라는 명제를 놓고 두터운 책을 내기도 하는 모양이다. 영국의 니콜라스 올베리가 쓴 『자연사 편람THE NATURAL DEATH HANDBOOK』이 한 예다. '자연사 센터'를 설립하고 죽음에 대한 준비교육까지 시키는 박사라고 했는데, 책에는 아닌 게 아니라 오만 가지 얘기가 망라돼 있다. 죽음의 공포를 극복하는 방법을 비롯한 옛 선인들의 마지막 순간, 유언장 쓰기, 임사체험臨死体験 등등, 죽음의 백과사전을 방불케 한다. 죽음에 관한, 이와 비슷한 책은 일본에 특히 많다. 실버산업의 한 축을 담당할 정도로 썼다.

식자우환이라더니 그래서 무엇이 얼마나 달라질 것인가? 유난스럽다는 느낌이 없지 않다. 때가 되면 가는 거라고 마냥 여유를 부리자는 게 아니다. 다만 거북할 따름이다. 함부로 입에 담기에는 무엇한 일생일대의 마지막 터부를, 뉘집 애 이름 부르듯 허투루 끌어내리는 세속이 좀 그렇다. 죽음의 소설화 아닌 상품화 경향이 때때로 민망하다. 두려움이나 마음속 오의奧義를 밝은 햇볕에 말리는 푼수로 거침없이 까발려 얻는 친근감이 나쁠 건 없다. 언제 당해도 당할 일 미리미리 준비해둬도 좋을 성 싶기는 한데, 작가는 그에 앞서 자신의 만년

晚年 관리를 염두에 둬야 하리라 여긴다. 걱정도 팔자라면 할 말이 없다만.

"작가가 책을 못 보고 글을 못 쓰면 이미 생명이 끝난 것"이라는 김학철 옹의 말이 그래도 자꾸 마음에 걸린다. 팔십을 훌쩍 넘은 고령에 병구마저 겹친 절박감이 그 말에는 배어 있다. 책을 읽을 수만 있어도 괜찮다는 절반의 암시야 어떻든, 유난히 조로早老하기 쉬웠던 지난날의 우리 풍토에 비하면 늦은 출발을 벌충하고도 남을 만년의 그만한 건필이 오히려 부러웠는데 말이다. 그래서도 시인 작가의 자연 연령과 작품 생산의 상관관계를 새삼 돌아보게 만들었다.

일률적으로 비교하기 어렵되 동양보다는 서양이 지구력에서 앞섰던 게 사실이다. 어느 나라의 누가누가 그랬는가를 일일이 꼽을 것 없다. 질량면에서 그들은 노경에도 결코 처지지 않는 작업을 상대적으로 더 해낸 셈이다. 뒤를 받치는 독서인구가 그만큼 많고, 한국과는 댈 것이 못되는 환경을 감안하다 하더라도 안 그런가. 문학 세모꼴의 정점에서 허장성세 아닌 실질적 상징 역할을 더불어 즐겼다고 볼 수 있다.

여건이 조금 나아지면서 우리 문학 주변에도 그만한

기운이 차차 감도는 것 같다. 본인들의 건승 못지않은 문학저널의 사려 깊은 지면誌面 처우를, 생존 시인의 팔순기념이나 작고 문인 백주기 특집 등을 통해 엿볼 수 있었다. 우리 자신을 차분히 챙기는 의도로 푸근하다.

그런 마음가짐으로 앞서거니 뒤서거니 타계한 두 분, 황순원 선생과 서정주 선생을 생각할 수 있다. 두 분은 문학의 '끝내기' 단계가 특이하여 대조적이었다. 한 분은 이미 이룩한 높은 봉우리를 고수하고, 한 분은 거기에 머물지 않는 자세로 일관하여 각각 인상 깊었다.

"칠순이 되었다. 앞으로도 작품을 쓸 의욕은 변함없이 갖고 있다. 하지만 작품이란 의욕만으로 되는 것은 아니다. 작품다운 작품을 쓰지 않고서는 애기가 되지 않는다. 작품다운 작품을 쓰지 못할 바에는 오히려 안 쓰는 편이 낫다는 작가적 양심이 그저 쓰고 싶다는 욕심 앞에 제발 무릎을 꿇지 않기를 바라고 있다."

후진들이 꾸민 고희기념집(1985년. 『말과 삶과 자유』)에서 토로한 황선생의 말이다.

두고두고 음미할 잠언을 아래와 같이 또 남겼다.

"대패질을 하는 시간보다 대팻날을 가는 시간이 더 길 수도 있다"고.

달리 보태고 뺄 것이 없는 기품의 한 표현이다.

　부인을 앞세우고 이승을 떠나기 두 달 전, 늦가을의 병상에 누워 기자를 맞은 미당의 의지는 더 좀 적극적이다. '올 들어 시를 전혀 안 쓰고 계신다'면서, '2000년 첫날을 위한 시'가 마지막 발표작이냐는 기자 질문에 거침없이 대답했다.

　"왜 마지막인가? 시인에게 마지막 말이라는 것은 없는 것이야. 항상 현역이지. 발표는 안 해도 내 가슴속에는 항상 새로운 시가 쓰여지고 있어. 그래 심장이 이렇게 뜨겁지 않은가. 그런 시인은 죽어서까지도 영원한 현역으로 남는 거야. 독자들 가슴속에서 매양 새롭게, 뜨겁게 쓰여지고 있을 테니까."

　그리고 그해 연말, 임종이 가까워지자 시인은 환히 웃으면서 말했다고 한다.

　"괜찮다. 괜찮다."

　미당의 미당다운, 마지막 낙관이 아니었나 싶다.

　쉬어가는 셈 치고 짧은 것으로만 몇 개, 다른 나라 문학인들의 마지막 말을 들어보면 어떨까.

　앙드레 지드—"쎄 비앙."(좋다.)

하이네—"써야겠다. 종이, 연필, 나는 죽는다."

아나톨 프랑스—"어머니, 어머니"

프랑수아 라블레—"막을 내려라. 바보짓은 끝났다."

싱클레어 루이스—"알렉(비서), 살려다오. 나 죽는다."

믿거나 말거나, 호사가들의 기록으로 전해지는 적멸寂滅의 작은 흔적일 뿐이다. 아무 말 없이 조용히 눈을 감은 사람이 물론 대부분일 터인데, 세상을 뜨는 순간에도 유머를 잃지 않은 발자크 같은 작가도 있다. 그는 자신의 소설에 등장하는 의사 아무개를 불러오라 외쳤다. "그 친구라면 나를 구할 수 있을 것"이라면서.

이야기는 건너뛰지만 야인으로 평생을 보낸 이상재 선생의 익살 또한 역사적으로 그립다. 돌아가시기 전날이었다고 듣는다. 선생은 문병온 두 젊은이(한 사람은 변영로 시인)에게 소리쳤다.

"이놈의 자식들. 너 나 뒈졌나 안 뒈졌나를 보러왔지?"

김을한 편저 『월남 이상재 일대기』에 나오는 일화다. 지은이는 일부러 괄호까지 쳐, '이것은 월남이 말한 그대로다.'고 강조했다. 곧바로 이어지는 문장은 촌철살인의 해학으로 일본인 고관대작들을 일쑤 희롱했던 거인의 낙루落淚를 묘사한다.

"……하고는 벽을 향하여 돌아눕는데, 눈물이 흘러서 두 볼을 적시었다. 생각컨대 월남이 팔십 평생의 기나긴 생애를 장차 끝마치려고 하매, 비록 말은 못하였지만 이미 죽음을 깨닫고 만감이 교집交集해서……"

월남 선생이 그처럼 눈물을 많이 흘리시는 걸 그때 처음 뵈었다는 게 변영로 시인의 후일담이다.

문학을 업으로 삼던 안 삼던, 때가 되면 누구나 자신의 최종 국면을 미리 공상하기 마련이다. 인력으로는 어쩔 수 없는 생의 마감시간을 앞에 놓고 이런 저런 요량이 많을 밖에 없거늘, 작가는 상상으로 먹고 사는 직업을 가졌기 때문에도 마음이 한층 절절하고 바쁘다. 배우의 간절한 소망이 무대에서 쓰러지는 것이듯, 이왕이면 계속 긴장을 다그쳐 더딘 걸음으로나마 석양에 잘 지고자 애쓴다. 그게 '작가지상정'인데 한결같이 예단할 일이 못된다.

일본에 유독 잦은 자살을 두고 가령 하는 소리다. 패착敗着은커녕 누구나 인정하는 작가적 성취를 마다하고 그들은 반상盤上에 돌을 팽개치듯 몸을 던졌다. 그것은 쓰는 자의 장렬한 산화인가. 곤비困憊에 가위 눌린 육신의 투기인가. 아니 잘 나갈 때 그만두는, 단호한 겸양의 다른 표현인지도 모른다.

아쿠다가와 류노스케는 아내와 기쿠치 간을 비롯한 친지에게 유서를 쓰고 음독자살했으며, 다자이 오사무는 그를 흠모하는 여성과 함께 강물에 투신했다. 가와바타 야스나리는 '마다'(又, 또다시)까지 쓴 원고지 위에 뚜껑 열린 만년필을 놓아둔 채 핑 집을 나가, 단골 여관의 개스 호스를 물었다. 미시마 유키오의 저와 같은 최후라든가, 한때 전범戰犯으로 몰렸던 히노 아시헤이의 자살 등, 그들이 세상을 버리면서 택한 수단은 서로 다르다. 과정이나 방법이 각기 다를망정 분명한 이유를 밝히지 않은 점은 얼추 같다. 죽음에 이르도록 절박했던 작가의 상황이 무엇이었던가 궁금하다. 가와바타와 오십 년 지우知友였던 승려 작가 곤 도코의 말대로 일본문학은 사생관의 문학인가? 그는 논리적이기보다 부조리에 가까운, 억측 불허의 이유 없는 이유가 자살인 듯하다고 유추했다.(곤 도코 『독설毒說 문단사』)

아무려나 시작 못지않게 마음 써야 할 것이 작가의 막바지 처신 아닌가 한다. 나는 아직 책을 보고 글을 쓰니 작가의 생명이 살아 있다 자위하랴. 마지막 말 운운의 그릇조차 못되는 현역에 안간힘을 쏟되, 대팻날을 가는 시간보다 대패질 하는 시간이 훨씬 많지는 않았으랴. 의문의 여지없이 많았다.

대단원은 어림없고 소단원마저 기연가미연가 가당찮은 처지에서 바라보는 석양녘이 오늘도 곱다. 해동갑 지경에서 느끼는 막판의 떨림이 그나마 나쁘지 않다. 그런 의미 부여마저 없으면 무슨 재미…….

2

이태준 「문학독본」

거두절미하고 "그때 당신은 어디에 있었는가"(또는 "무엇을 했는가")를 따지는 질문법이 있다. 선문답하듯 던지는 이 말은 억센 빅뱅이 그렇게도 잦았던 우리네 삶의 역사적 고비를 염두에 둔다. 8·15, 6·25, 4·19, 5·16 등을 은연중 가리킨다.

8·15 해방에 국한하여 대답한다면 나는 까맣게 잊어먹었던 한글 공부에 힘썼다. 소년의 일상에 역사적 의미는 얼토당토않았다. 문학으로 뜻을 세우리라는 의지는 더구나 가소롭다. 한글로 된 시와 소설이 많다는 사실에 괄목하고, 조선인의 감정으로 우리들의 생활을 읽

는 홍복洪福에 감사했다. 물론 일일이 대하지 못했다. 제목으로는 알지언정 번듯한 책으로 확인하기는 힘들었으나 뜻이 있는 곳에 책은 있었다. 사무라이 소설과는 딴판인 재미에 빠졌다.

책깨나 가진 친구들의 집을 염치없이 쫓아다니며 뒤졌다. 신용 본위로 제날짜에 책을 반환하자 웬만하면 안심하고 빌려주었다. 한데 미구에 그럴 필요가 없게 되었다. 전주에 시립도서관이 생긴 것이다. 일본인 적산가옥을 징발해서 유지들의 기증을 받아 꾸민 형편이라 보잘것없었지만 그게 어딘가. 매일 개근하다시피 드나들었다.

이광수, 김동인, 이태준, 박태원, 홍명희, 김남천, 이기영, 한설야, 채만식, 임화, 김기림, 정지용, 이용악, 김영랑……. 왜 이런 이름들을 미처 몰랐던가 아쉬워할 사이 없이 마구 팠다. 뽕잎 먹고 자라는 누에에 비유한다면, 아마도 내 입에선 사그락사그락 소리가 그때 났을 게다.

읽은 도서목록을 일일이 진열할 것이 없다. 아무튼 부지런히 출입하다가 소설이 아닌데도 재미있고 감명 이전의 감탄으로 눈을 번쩍 뜨게 한 책을 발견했다. 『상허尚虛 문학독본』이다. 이 책은 1940년에 『문장강화』라는 제목으로 문장사에서 발행했다고 들었지만, 내가 본 것은 해방 다음해 여름에 나온 백양당白楊堂판이었다.

'상허'라는 아호가 독특했다. 고졸古拙한 듯하면서도 군더더기 없이 술술 이야기가 풀리는가 하자, 어느덧 둑을 막아 말의 물살을 억누르는 솜씨에 반하고 말았다. 그만한 문장은 단편에서 한층 빛났는데, 정지용 역시 그의 산문을 높이 샀던 모양이다. 1948년 박문출판사에서 펴낸 『지용 문학독본』의 서문을 통해 그걸 고백한다. 남들이 자기더러 '시인 시인하는 말이 못난이 못난이 하는 소리같이 들려' 좋지 않았다고 전제한 후, '태준泰俊만치 쓰면 쓴다는 연습으로' 책을 낸다고 했다. '나도 산문을 쓰면 쓴다'는 것을 시험하기 위해 쓴 글이 책 한 권 분량이 되었다는 겸사를 보탰다.

1988년 가을, 이 책은 다시 원래 제명인 『문장강화』로 돌아가 창작과비평사에서 출간했다. 임형택 씨의 해제를 붙여 나왔는데 절친한 구면을 대한 것처럼 반가웠다. 시대가 바뀌고 문체도 엄청 달라지기는 했으나 읽어서 흥미 있고 여전히 공부에 도움을 주는 미덕은 어디가랴 생각했다. 예전과 현대의 서술 기법에 큰 차이를 느끼기 때문에 두 시대를 아우르는 허허실실 문장력 연마가 가능하지 않을까. 이런 유의 참고서로는 이태준의 문학독본을 덮을 것이 없다는 것을 재확인한다.

하물며 우리나라 말과 글에 대한 올바른 지식이 전무했던 시절은 어땠겠는가. 국민학교에서는 내리 일본어로 일관하고 뒤죽박죽 해방공간에서는 독서욕을 채워줄 책이 없었다. 글공부는 고사하고 말도 제대로 익히지 못하는 시간이 흘렀다. 전쟁이 끝나고 어영부영 학교에 왔다갔다할 밖에 없는 와중에 이 책을 손에 쥐었으니 어찌 기쁘지 않았으랴.

저자의 간결하고 명석한 해설은 뒷전이었다. 좋은 글의 본보기로 열거한 예문은, 그때까지 나온 한국문학의 맛깔스런 대목을 진수성찬 차리듯 망라했대서 과언이 아니다. 예문에 홀려 원본을 찾아나서는 과정이 번잡하기는 해도 싫지 않았다. 모두 1백 20여 개가 넘는 예문을 훑는 것만으로도 문장 공부의 살이 붙는 느낌이 들어 상당량을 노트에 따로 옮겼다. 그러자 모국어 사랑의 감정이 덩달아 부풀었다.

한두 가지 예를 들어보자.

　울창한 송림이 마을 어귀에 늘어선 그 위로 이제 백모란처럼 피어오르는 저 구름송이들!

　포기포기 돌아오르는, 접치고 터져나오는 양이 금시에 서그럭서그럭 소리가 들릴 듯도 하지 아니한가? 습기를 한점도 머금지 아니한 흰구름이 아니고 보면 우리가 이렇게 넋을 잃고 감탄할 수가 없다. …(중략)… 구름은 움직인다. 차라리 봉긋봉긋 도는 것이다. 도는 치차齒車 위에 치차가 돌듯이 구름은 서로 돈다. 고대 애급의 건축처럼 무척이도 굉장하구나! 금시금시 돌아오르는 황당한 도시가 전개되었구나.

—정지용, 「구름」에서

　'자연의 표현'을 설명하기 위해 제시한 다섯 예문 가운데 하나다. 이태준은 인물보다 막연한 것이 자연 묘사이므로, 이와 같이 자연과 악수하고 가까이 나서는 태도가 필요하다고 말한다. 그런데 이 책을 탐독하는 동안 나는 그가 정지용의 산문에 유난히 애착을 갖고 있구나 짐작했다. 문장의 고단자끼리 서로 알아주고 추어올린 격이다. 이 소항목에서 거증한 다섯 가지 인용문 중, 정지용의 산문이 세 개나 된다는 사실도 그렇다.

알 것 같다. 『지용 문학독본』을 따로 지을 정도로 그의 산문에 대한 집착이 대단했다. 욕심이 많은 만큼 성과도 출중했다.

이태준이 수필의 모범으로 자기 책에 수록하고, '전아典雅하다, 진밀縝密하다, 시경詩境을 산문으로 나타냈다'고 극찬한 「비」도 아닌 게 아니라 그렇다. 영화 〈춘희椿姬〉를 구경한 다음 비 내리는 거리에 나선 작자의 모습이 눈에 선하다. 반백 년 전 서정의 세계가 아직껏 삽상하다.

레인코트 단추를 꼭꼭 걸어 잠그고 깃을 세워 터가리까지 싸고 소프트로 누르고 박쥐우산 알로 바짝 들어서서 그리고 될 수 있는 대로 가리어 디디는 것이다.

버섯이 피어오르듯 후줄그레 늘어선 도시에서 진흙이 조금도 긴치 아니하려니와 내가 찬비에 젖어서야 쓰겠는가.

안경이 흐리운다. 나는 레인코트 안에서 옴츠렸다. 나의 편도선을 아주 주의하여야만 하겠기에 무슨 경황에 폴 베르렌의 슬픈 시 「거리에 내리는 비」를 읊조릴 수 없다. … (중략)…

여마驢馬처럼 떨떨거리고 오는 흰 버스를 잡아탔다.

유리쪽마다 빗방울이 매달렸다.

오늘에 한해서 나는 한사코 빗방울에 걸린다.

버스는 후루룩 떨었다.

빗방울은 다시 날아와 붙는다. 나는 헤어보고 손가락으로 비벼보고 아이들처럼 고독하기 위하여 남은 체온 끼인 대로 참하니 앉아 있어야 하겠고 남의 늘어진 긴 소매에 가리운 대로 잠착해야 하겠다.

어떤 형태의 문장이건 간에 시대성을 떠나 존재하기는 어렵다. 옛날의 명문이 오늘 읽으면 맛이 덜한 이유도 거기 있다. 타임머신을 타고 당대의 정황에 스스로를 꿰맞춰야 이해하기가 수월하지만, 사람의 생각은 본래적으로 그다지 변하지 않는 법이다. 그런 믿음에 근거를 두고 소설이나 시를 비롯한 글을 쓰지 않겠는가. 기교라든가 그릇은 달라질지언정 오래 놓고 보아도 색깔이 바래거나 제물에 푸석푸석 궤멸하지 않는 작품을 쓰고자 모두들 기를 쓴다. 따라서 좋은 문장론의 기본은 세상이 아무리 바뀐다 한들 필수적일 밖에 없다.

일본 작가 미시마 유키오는 그의 『문장독본』에서 말

한다. 자기 작품이 지닌 언어감각을 되도록 훗날까지 지속시키려는 노력의 일환으로 소설 속에 영화배우 이름을 밝히지 않는다고 했다. 왜냐하면 오늘의 마릴린 먼로를 십 년 후 독자들은 잘 모를 것이기 때문이란다. 자기 문장이 비록 내년에 멸망한다 하더라도 최소한 십 년 앞을 겨냥하지 않으면 글을 쓰는 재미가 없다고 생각하는 까닭이다. 물론 이런 결벽증은 소설이나 희곡 등에 발휘될 따름이지 수필과 잡문에까지 적용하는 것은 무리라는 유보를 달았다.

결벽증 애기가 나온 김에 덧붙이건대 글쓰기로 삶의 보람을 찾는 이들의 문장기법은 필경 각자의 결벽증과 무관하지 않다고 본다. 어떻게 하면 남과 다른 문장을 구사할 것인가 하는 안간힘의 소산으로 치부하는 것이다. 가령 동의어 반복을 피하려는 노력을 들 수도 있다. 원고지 너더댓 장을 건너뛰기 전에는 같은 용어를 두 번 쓰지 않는다는 원칙을 세우고, 이왕이면 리듬을 살리고자 힘쓴다. 그렇다고 3·4·3조 운율에 매일 정도로 철저한 건 아니다. 그랬다간 장편소설 하나 건지는 데 십여 년씩 세월을 까먹을지 모른다. 구상하는 기간은 따로 접어두고 쓰는 작업시간만을 헤아리면 허비가 많다. 가능한 한 독자의 호흡 조절에 알맞은 단어를 동원하여 매 단락의 흐름을 꺽꺽 막는 '장애물' 제거에 골몰하느라 신경이 닳는다.

장편소설 운운한 계제에 생각나는 점이 또 있다. 결벽증이 그토록 심한 사람은 이만한 내력에서 고생을 자초하는 경우가 흔하다. 긴 얘기를 읽고 책을 덮는 순간 독자의 머릿속에 남는 것은 대강의 줄거리와 등장인물과 재미 여부이기 쉽다. 주제와 문학성의 높낮이가 그 다음에 첨가될 수 있다. 하지만 작자가 무지무지 애를 먹은 낱개비 문장구조는 건성건성 지나치는 게 보통이다. 따라서 독자에게 쉬는 시간을 줄 겸 허술한 부분을 의식적으로 매설하는 것이 독자를 위한 서비스 구실로 불가피할지 모른다. 바빠 죽겠는데 미주알고주알 잔소리가 왜 이리 많은가. 대화조차 없이 빽빽한 지문을 어쩌자고 두 페이지, 세 페이지씩 끌고 가는가 불평하는 독자는 짧은 대화가 속도감 있게 연결된 장면에 이르러 안도의 숨을 후유 내쉬기 마련이다. 듬성듬성 허옇게 빈 반백半白의 공간을 보고 여유를 느끼지 말라는 법이 없는 것이다.

그럼에도 불구하고 문학의 본령은 어째서 처음부터

끝까지 긴장과 농도를 요구하고, 문학인은 격에 맞는 문장 수련에 평생을 거는가. 나이가 들수록 더구나 자기 결백의 고집이 심해진다. 다른 사람은 잘 알아주지도 않는, 편집偏執에 가까운 옹추 심보로 매달리는 바람에 집필 속도가 한층 더디다. 젊은 기운에 편승하여 속필로 원고지 칸을 메울 때와는 다른, 체력 감퇴에서 오는 조심성인데, 본인들인들 그걸 모를까. 알면 알수록 가당치도 않은 완벽주의 문장의식에 스스로 들려 지필遲筆이 불가피하다. 이때 위안을 삼는 것이 붓의 속력과 내용의 속도감은 당연히 구별된다는 이치다. 하룻밤에 수십 장을 갈겨쓴다고 템포 빠른 문장이 아니며, 일 년 걸려 완성한 여남은 장의 글이 느린 것도 아니다. 빨리 쓰는 대신 밀도가 엉성하고, 천천히 쓰면 압축미가 돋보여 읽는 쪽에 더욱 강한 스피드를 느끼게 할 수도 있을 테다. 이만한 문리文理는 세상이 제아무리 바뀐들 변치 않는다는 자만으로 글장이는 행복하지 않으랴. 안수길安壽吉 선생의 회고담이 떠오른다. 만년엔 붓이 잘 안 나가 하루 석 장을 쓰기가 벅찼다는 고백에 나는 가슴이 찡했다. 요새는 하루에 열 번도 더 고개를 끄덕인다. 일본에서 문호로 떠받드는 다니자키 준이치로의 삼백

기십 장짜리 「장님 이야기」는 하루 한두 장 꼴로 완성했
다던가. 모두 고심참담의 방증이다.

제대로 된 결벽증은 그러므로 변신을 향한 몸부림의
또 다른 표현이다. 죽을 때까지 그러지 않고는 못 배길,
쓰는 자의 숙명이다. 말 아닌 글로 끝끝내 버텨야 하는
사람의 무거운 짐을 눈감을 무렵에나 벗을 판인데, 이
태준의 『상허 문학독본』은 이에 대해 상식적이면서 투
철한 해답을 이렇게 내린다.

말을 뽑으면 아무것도 남는 것이 없다면 그것은 문장의
허무다. 말을 뽑아내어도 문장이기 때문에 멋있는, 아름다
운, 매력 있는 무슨 요소가 남아야 문장으로서의 본질, 문
장으로서의 생명, 문장으로서의 발달이 아닐까? 현대 또
는 장래 문장의 이상은 이곳에 있지 않을까 생각한다.

그러나 마지막에는 기왕에 확립된 문체를 버리라고
권한다. 이 대목이 나는 퍽 마음에 든다. 문장의 기본원
칙을 무시하라는 게 아니다. 교과서적인 문체론에 구애
받지 말 것이며, 자기 개성을 죽이면서까지 따를 필요
는 없다는 뜻이다. 이태준은 재차 강조한다.

문체론으로 말하는 자리에서 모순됨일는진 모르나, 특별히 기술에 필요한 문장이 아닌 데서는 문체의식에 당목瞠目할 필요는 없다 생각한다. 문체를 강조하다가는 자연스러움을 상하기 쉬운 때문이다.

기껏 설명하고 나서 너무 신경쓰지 말라니……. 하지만 아무나 할 수 없는 소리다. 문장 공부의 긴 터널을 뚫고 온 적공 후에야 고개를 끄덕일 만한 암시라는 걸 잊어서는 안 되리라.

앞에서 나는 감명 이전의 감탄으로 이 책을 대했다고 했는데, 알고 보면 그 말이 그 말이다.

감명과 함께 많은 신세를 졌다. 사족을 달건대 나는 또 그의 어떤 소설에 나오는 '가례佳禮'를 지금도 일상생활에서 애용하고 있다. 가례는 결혼이다. 그가 친지 결혼식에 들고 간 부조봉투에 '축 가례'라고 표현한 것이 그럴싸하길래 나도 줄곧 흉내내고 있다. '축 결혼', '축 화혼', '축 화촉'보다 훨씬 근사해 뵈는 까닭인지 자기도 그렇게 써야겠다는 사람을 더러 만난다.

함석헌 선생의 말과 글

무얼 쓴다고 쓰다가 함석헌 선생의 책 두어 권을 책
꽂이에서 뽑아들었다. 참고할 것이 있어 대충대충 훑었
는데 막상 내가 찾는 내용은 쉬 눈에 띄지 않았다. 소매
긴 김에 춤춘다고, 오랜만에 다시 대하는 선생의 글솜
씨에 오히려 흠뻑 빠졌다. 엉뚱한 해찰이 그러나 괜찮
았다. 하던 일을 제쳐놓고 이미 들어선 거인의 글숲을
헤맸다.

걸출한 선각先覺이나 지도자라 하더라도 말과 글이 함
께 뛰어나기를 바라기는 어렵다. 한쪽이 빼어나면 한쪽
이 기울기 쉽거늘, 두 가지가 다 각별하고 남다른 맛을

풍긴다는 점에서 선생은 마침내 독보적이다. 꾸밈이 없으면서 듣고 읽는 자의 가슴에 즉각적이고도 긴 울림으로 와닿는다.

내 경우엔 문장이 특히 좋다. 논리적이기보다는 직관直觀의 구어체로 시원하다. 그냥 시원하기보다는 웅숭깊은 생각의 응축으로 절묘하다. 도무지 관념의 희롱을 싫어한다.

스스로도 '나더러 말 밉다 곱다 말고, 글에 조리가 있느니 없느니 말라'고 밝힌 적이 있다. '이 부조리를 깨치고 아우성을 치며 회오리바람을 들지 않을 수 없느니라' 하였다. (「죽을 때까지 이 걸음으로」)

선생의 면모를 수식하는 몇몇 별호가 있다. 야인, 한국의 간디, 씨올 광야의 예언자, 흰 고무신 등이 그것인데, 나는 '문장가 함석헌'을 따로 헌정하고 싶다.

하기야 선생은 당신을 둘러싼 별칭들을 조용히 사양하셨다. 생전에 두어 차례 갖은 인터뷰 때 '야인'이라는 표현이 멋있게 들린다고 하자, 껍데기만 보니까 그렇다고 했다. 이상주의로 보는 게 옳다고 고쳐주었다. '간디설'은 철없는 사람들의 소리로 돌렸다. 간디가 그렇게 쉬우냐, 몇천 년이 걸려야 나온다고 일축했다. '씨올'이라는 말에 대해서도 손을 내저었다. 그 어른(선생의 스 승 柳永模)이 창안하신 걸 써먹기는 내가 써먹는다며 웃었다. 하얀 고무신은 땀이 자주 나고 무좀이 심해지 면서 그만두었으나, 우리가 항상 마음 써야 할 것이 간 소한 생활이라는 데는 변함이 없다고 했다.

그런 가운데 나온 죽은 말 산 말의 분간을 감명 깊게 들었다. 말씀 역시 잘하신다고 하자 돌아온 대답이 그 랬다. 글로 써가지고 조목조목 말했으면 좋겠지만, 그 러면 말이 죽는 것 같아 그냥 하는데, 사람들이 좀 어렵 다고 한다는 게다. '말이 죽는다'는 말이 기막히다. 식 사式辭 같은 꾸밈말의 횡행에 쐐기를 박은 셈이다.

요컨대 함석헌 선생은 언문일치를 넘어 언행일치의 경지를 산 분이다. 글은 글대로 행동을 전제하고, 말은 말대로 일상의 진솔한 모습을 반영했으니까. 땅을 딛고 이상을 접붙이는 과정에서 양자(말과 글)를 적절히 구 사한 보기 드문 우리 시대의 대인이었다. 어떻든 선생 의 말과 글은 새길수록 진국이다. '솜씨' 따위 표현은 불경하고 좀스럽다. 그렇담 타고났을까. 예전 어른들의 입에 밴 구수한 말투를 두고 흔히 그런 소리들을 하는 데 함 선생의 경우는 훨씬 다르다. 전혀 아니라고는 할 수 없되 자연스레 터득한 언변과는 따로 획을 그어 마땅하다. 서양 문물의 진수를 아우르며 나온 직설直說인 까닭에 포괄적으로 신선하다. 귀에 쏙쏙 들어오고 눈에 아름답게 비친다.

씨올의 발상과 무관하지 않다고 본다. 언문일치형 말글에 담긴 시원한 직관에 관념의 희롱을 싫어하는 성벽性癖이 잘 조화된, 깊은 생각의 단순한 표출 아니겠는가. 어렵게 쓰는 글보다 쉽게 쓰는 글이 더욱 힘들고 많은 수련을 거치지 않고는 택도 없듯이, 선생의 맛깔스런 문체 역시 그냥저냥 이루어진 게 아닐 터이다. '생각하는 백성이라야 산다'고 강조하기 전에 얼마나 많은 생각을 했을까. 단순하게 응집된 말로 잠자던 씨올들의 의식을 깨운다. 단칼에 의표를 찌르는 글로 권세가들이 둘러쓴 위선의 너울을 통쾌하게 벗기는 일이 그래서 가능했을 것이다. 덕분에 우리는 오늘도 선생이 남긴 글을 통해 희망과 슬픔 사이를 따분하지 않게 오락가락한다.

83년 가을 쌍문동 둘째 아드님댁에서 두 번째 인터뷰를 하는 자리에서 하신 말씀 중에도 글로 옮겨놓으면 실감이 덜하지 않을까 싶은 것이 섞여 있었다. '정치에 붙어먹는 종교'라든가, '눈 쓰리고 목 쓰린 곳에서 무얼 먹겠다고 비벼댈 것 있느냐'며, 산골짜기에 가서 혼자 사는 것이 개인적 소망이라는 말 등을 예로 들 수 있다. 비슷한 상황은 『씨올의 소리』 창간 10주년 기념호에 게재된 안병무 선생과의 대담에서도 드러난다. '하나님의 발길에 채여서', 또는 '하나님한테 몰려서', 생의 전기를 마련했다는 회고가 그렇다. 이승만을 가리켜 '박정희 씨보다는 훨씬 난 사람인데 어떻게 그렇게 돼먹었단 말야' 하면서, '그 영감 참 아까운 영감이요' 했다. 이런 말들을 글자로 적자니 아닌 게 아니라 다소 빛을 잃는 것 같다. 과연 입에 올려야 '말발'이 옳게 설 듯하다.

그러나 함석헌 선생이 쓴 글 가운데에는 이러한 입말의 분위기가 그대로 살아 있는 것이 적지 않다. 때문에 묘미를 더하고 한결 감칠맛이 난다.

"닉슨이라는 사람이 한번 말 한마디를 내뱉자 우리나라 정계는 갑자기 마치 다 먹고 난 뼈다귀를 내던질 때의 뜰 아래 강아지 무리의 사회같이 요란스러워졌다. 서로들 먹을 통이 났다고, 서로들 제가 먼저 봤다고, 제거라고, 서로들 제가 물었노라고, 으르렁댄다. 그것을 내려다보며 입가에 기름이 번지르해 앉은 곰은 무슨 생각을 할까? 또 마음

은 서로 다 오월吳越이면서도 같이 먹는 잔치에 참여한 처
지라, 체면을 뵈려 하고 맞장구를 쳐주려 하는 승냥이 산
돼지 여우 하는 것들은 또 어떤 표정을 할까?”

'민족통일의 길'이라는 글의 첫머리다. 남의 나라 대
통령의 정치 발언을 대뜸 '한마디 내뱉고'로 작살낸 폭
이다. 그걸 놓고 서로 으르렁거리는 '뜰 아래 강아지 무
리'로 한국의 정객들을 일도양단해버린다. 이 글을 발
표한 시점이 1971년 초가을이다(『씨울의 소리』 9월호).
서슬 푸른 세월의 정치적 곤두박질에 대한 포효가 묵은
체증을 씻어내릴 만큼 후련하다. 무대 위 주인공들의
노니는 꼴을 동물의 먹이싸움으로 바라본 비유의 세계
가 빛난다.
「통곡! 삼일절」이라는 글은 그야말로 통곡이다.

“삼일절이 죽었다!
삼일절이 죽었다!!
삼일절이 죽었단 말이야!!!
이 강산에 사는 사내들아 계집들아, 삼일절은 이제 죽었
다. 삼월 초하루가 돼도 만세 소리 하나 나지 않으니 죽은

것 아니냐? 어느 입 하나고 기념이건 축하건 말 한마디도 없으니 죽지 않고서야 어찌 그럴 수 있느냐? 파고다야 씨올의 밀물에 대해 문을 닫고 쇠를 잠그고, 네가 뭐 하자고 서울 복판에 무덤처럼 누웠느냐? 거기 두더지들 기르잔 말이냐. 박쥐를 붙여두잔 말이냐. 네가 뭐 하자고 육백만 심장 위에 망부석처럼 우두컨 섰느냐? 그래 옛 귀신의 울음을 듣고 있느냐? 햇귀신의 울음을 들으려고 하는 것이냐?"

행을 바꿀 때마다 감탄부호가 늘어간다. 첫줄에는 하나이던 것이 셋째 줄의 '죽었단 말이야' 다음엔 무려 세 개나 겹쳤다. 오죽 복장이 터졌으면 그랬을까 싶다. 정부 주최 기념식 이외의 어떤 민간행사도 막는 질식의 시간에, 씨올이 배제된 '삼일절의 순교'를 부르짖은 노안에는 하마 눈물마저 흘렀으랴. 아니 제목이 이미 통곡이면 더 이상 무엇을 말하리요다.

아무리 그렇기로 물방울 감탄사를 장대처럼 셋씩이나 찍다니…… 할 수도 있을 게다. 하나 글의 품격은 결국 누가 썼느냐에 따라 시비의 기준이 갈리기 마련이다. 풋내기의 석 줄짜리 감탄부호는 유치의 극치로 지

적받을망정, 천하에 걸치적거릴 것이 없는 필봉으로 막
돼먹은 권력을 꾸짖는 함 선생의 글엔 까짓 문법이 비
집고 들어설 틈조차 없다. 목이 메인 흉중을 뜨겁게 짐
작케 하는 부호로 오히려 안성마춤이다.

야인의 자유로운 투시력과 천의무봉의 활달한 멋을
바탕 삼지 않고는 불가능한 일이다. 선생께서는 물론
그와같이 수월하게 자신을 대하고 수식하는 데에 동의
하지 않는다.

다른 한편으로 현대인의 틀려먹은 인생관을 나무라
기도 했다. 옛날의 서양국가가 세큘러 스테이트世俗國家
로 바뀌고 그 반발로 제도로서의 교회 해방을 가져온
것은 좋지만, 그게 곧 하나님으로부터의 해방은 아니라
는 것이다. 인간이 뿌리요 근본이라는 생각까지는 좋지
만, 하나님이 주신 참자유의 뜻을 모르고 그것을 다시
우주적인 데에 뿌리박을 줄 모르는 인본주의는 자칫 경
찰국가나 스파이국가로 변질되기 쉽다. 물신物神에의
타락을 초래하여 세상을 아주 더럽게 만들기 일쑤인
데, 이것이 다름 아닌 근대국가의 고민이자 딜레마라
고 했다.

따라서 함석헌 선생이 다짐한 간소한 생활은 단순히

화폐 중심 사회의 '앤티 개념'에 머물지 않는다. 그보다는 좀더 높은 경지에서 세상을 바라보는 주장의 다른 표현이다. 자의적으로 섣부른 해석을 하기 이전에 당신께서 직접 그렇게 주석을 달았다. 인간의 근본문제는, 자기는 주어진 존재라는 것, 즉 자기는 어디까지나 크리처Creature일 뿐 크리에이터Creator가 아니라는 생각이 중요하며, 이처럼 겸손한 생각이 생활의 간소화로 통한다고 보았다.

신앙인의 범주를 넘어 삶의 근본에 닿아 있다고 감히 느낀다. 그만한 생각의 바닥을 치고 상승곡선을 그리는 말씀이요 문장이기 때문에, 웬만한 일탈은 오히려 파격의 재미를 보탤지언정 까탈 부릴 것이 못된다. 아무나 흉내내기 어려운 함석헌 식 말글의 공개된 비결이 여기 있다.

"사람들이 나를 웃어주노라고 하는 두 낱말이 있습니다. 하나는 '글쎄'요 또 하나는 '어떡하지'입니다. 언제든지 무슨 의견을 물으면 '글쎄' 한다는 것이요, 무슨 문제에 닥치면 그저 '어떡허지?' 한다는 것입니다."

—「씨올에게 보내는 편지」, 10주년 기념호.

잇따라 덧붙인 설명을 듣지 않더라도 '글쎄'나 '어떡하지?'는 둘 다 막막한 심정을 토로한 점에서 엇비슷하다. 다급하기로는 후자가 더한데, 그럴 때의 함 선생 표정을 유추할 만하다. '틀림없이 나를 그대로 그려주는 말'이라는 자기 긍정과 더불어, 겉으로 강인하고 안으로 부드러운 거인의 모습을 재삼 떠올리게 된다.

당장의 판단으로 제꺽제꺽 일을 처리하는 순발력도 나쁘지 않겠으나 그런 사람 중에는 뒷감당이 헤픈 수가 많다. 여럿이 달라붙어 하는 일일수록 그랬던 경우를 우리는 너무 많이 보고 들었다. 함 선생은 이와 반대다. 생각해둔 작정이 없다든가 힘에 벅찬 일과 부딪힐 때마다 입버릇처럼 그렇게 망설이고 탄식했을거늘, 거기에는 함께 의논하여 선후책을 강구하자는 공론에의 길이 넓게 트여 있다고 어림한다. 정직한 감정의 솔직한 표현으로 선의를 모으되, 일단 결정이 나면 물불 안 가리고 앞장을 서는 대범한 지도자의 한 전범이 틀림없다.

그리하여 대하의 흐름처럼 도도히 내닫는 글에 나 같은 씨올은 좋아라고 박수를 쳐댔다. 휘엉청 밝은 안목으로 들입다 어둠을 사르는 선생의 글을, 말을, 오늘 또다

시 그리워한다. 왜소하고 궁색한 담론들이 파편마냥 낙
엽마냥 굴러다니는 현실에서 그런 마음이 절실하다.

우리말의 폭과 깊이

1

한글날마다 연세대 한국어학당이 주관하는 외국인들의 한글 백일장에 나도 한번 가본 적이 있다. 덕수궁에 모인 그들의 작문을 심사하기 위해서였는데 개인적으로도 매우 흥미 있는 경험이었다. 일정한 시간 동안 당장 제시된 주제에 따라 남의 나라 글자로 자기 생각을 적어나가는 일이 쉽지 않을 텐데도 어지간히들 써냈다.

손으로 쓰기 때문에 본인의 글씨체까지 알아볼 수 있는 것도 재미있었다. 개중에는 능숙한 흘림체가 적지 않았으며, 동원한 단어 역시 초보 수준을 넘는 것이 더러더러 눈에 띄었다. 하지만 '착상의 묘'에서 두드러진 것이 좀 드물다고 생각했다.

당연한 일이다. 어휘 동원능력이 아직 불충분한 상황에서 멋 부리기까지 기대하는 건 무리다. 말의 뜻을 제대로 알고 문장을 꾸미는 솜씨만도 어디냐 싶었다. 생각 따로 손 따로 노는 안고수비眼高手卑 탓도 있을 게다. 그들의 한결 같은 지적이 바로 한국말의 꾀까다로움이었으니까.

그 가을 행사에서도 이와 같은 소리가 또 나왔다고 신문은 전했다. 그들의 투정은 그러나 결코 거창하지 않다. 우리말 문턱을 넘나들기 시작한 사람들답게 소박하다면 퍽 소박하다. 우선 같은 글자가 두세 가지 뜻을 동시에 나타내는 데에 당황한다. '배' 하나를 두고, 먹는 배, 타는 배, 사람의 배로 나눈다고 고개를 갸웃거린다. '차'는 둘(茶·車)이고 '발'은 셋(足·簾·냉면발 따위)인데 '눈'은 다섯(眼·雪·싹·저울·그물코 구멍)이라는 투다.

물론 실용 면에서 큰 불편이야 없다. 말맛을 캐들어가기로 들면 거기서 우리말의 멋을 느낄 수도 있겠지만 입문자들에겐 이상하게 비칠법하다. 울고 들어갔다가 웃고 나오건, 웃고 들어갔다가 울고 나오건, 외국어 공부라는 것이 어디 그리 수월하던가 웃을밖에 없다. 그런 말들의 바다를 헤엄쳐다니는 한국인 역시 때로는 그 많은 어휘 때문에 되레 헷갈린다고. 이방異邦의 친구들을 격려할밖에 없다.

하고 보면 말이나 글의 맛과 멋은 무엇을 버리고 무엇을 택하느냐에 달려 있다고 할 만하다. 가용할 소재와 양념감이 원천적으로 풍부해야 취사선택의 자유와 폭이 한층 다양하게 보장된다고 했을 때, 우리말의 고방은 무궁무진한 셈이다. 수량으로 따진들 샘이 깊은 물이다. 퍼내고 퍼내어도 마를 줄을 모른다. 따라서 자신의 무딘 재간이나 녹슨 연장을 원망할지언정 재료를 탓할 일이 아닌 것이다. 곰삭은 염장鹽醬 나와라 뚝딱 하면 지체없이 대령한다. 칠산 바다에서 갓 잡아 올린 조기나 텃밭의 쑥갓 나와라 뚝딱 하면 즉각 뛰어올 지경이다.

어차피 우리 언어의 맛을 재음미하고 멋을 다시 치장하기로 작정한 자리라서가 아니다. 평생 동안 말과 씨름하고 뒹굴며, 매양 그 앞에서 오금을 펴지 못하는 자의 체험으로 그렇다. 이 시간에도 이처럼 낑낑거릴 사람들이 참으로 많을 것이다.

그럴 때마다 톨스토이의 민화 제목 하나를 흉내내고 싶어진다. "사람은 얼마만큼의 말(땅 대신)이 필요한가"에 빗댄.

어느 해던가. 한 신문사에서 새 칼럼란을 신설하기로 하고 논설위원실에서 제목을 서로 의논하던 끝에 '아침 햇발'로 일단 낙착을 보았다. 그러자 한쪽에서 이론이 제기되었다. 아침 햇발보다는 '아침 햇살'이 더 낫지 않겠느냐는 의견이었다. '햇발'이나 '햇살'이나 뜻이야 거기서 거기지만, 톡 쏘는 맛이 있어야 제격인 칼럼의 성깔에 비추어 '햇살'이 맞다고 했다. 햇발은 그냥 햇빛이 다발을 이루어 사방으로 퍼진다든지 뻗친다는 의미를 지니는 데 비해, 햇살은 해에서 내쏘는 광선의 이미지가 좀더 강하다는 이유를 들면서.

햇발론 측의 반격 또한 만만치 않았다. 칼럼의 일반 성격이 그럴수록 제목은 여유를 갖춰야 하지 않겠는가. 퍼진다는 말 속에는 '포근히'라는 부사가 으레 전제되기 마련이므로. 더구나 조간신문의 커트 제목으로는 안성맞춤이라고 맞섰다.

햇발 햇살과 같은 의미를 갖는 우리말에는 또 '햇귀'니 '일각日脚'이니 하는 단어들이 있다. '햇'이라는 접두어 하나로 그 해에 새로 나온 모든 '햇 것'을 지칭할 뿐만 아니라 나날이 새로움을 안겨주는 해와 빛을 함께 아우른다. 절묘한 발상법이라 할 만하다. 얼핏 비슷한 말인 듯하면서 그때그때 정황에 따라 쓰임새가 조금씩 다르기 때문에 말 임자를 잘 만나야 제 값을 받는 게 우리말이다. 표현의 틈을 저밀 수 있는 데까지 저며 제일 정확한 놈을 골라내는 작업이 그만큼 어렵되, 그 과정을 거치면 진국을 맛볼 수 있다.

그거야 어느 나라 말이나 엇비슷하지만 우리는 훨씬 맛깔스럽게 쪼개고 발라낸다. 예를 들어 소 한 마리를 잡았을 경우의 쇠고기는 그저 쇠고기가 아닌 것이다. 안심·등심·쇠가리(갈비)·우둔(볼깃살)·콩팥·만화(지라와이자)·간·업진이(가슴살)·대접(사타구니살)·사태·양지머리·목정(목덜미살)·염통·곱창·쇠머리·섯밑(혀밑살)·꼬리·무릎도가니·사골·족……에 이르기까지 철저히 가른다.

이만큼 속속들이 살과 뼈를 추려내는 것은 그만큼 입맛이 자상하기 때문이다. 가난이 사람들의 생활 사이를

황우도강탕黃牛渡江湯처럼 흘러내리던 시절의 궁상에 다름 아니라는 해석이 다른 한편에 가능하다. 제사상에 제물을 올리는 돈이 아까워. 편값 얼마, 과실값 얼마 따위 대전代錢으로 제사를 지낸 놀부의 나라 아닌가. 그보다 더한 자린고비考妣는 어쩌고? 제사 때 써붙이는 지방을 한 번 쓰고 태우는 게 아까워 부모님 신위가 적힌 종이를 기름에 절여 해마다 꺼내 썼다. 검약과 질박의 미덕을 넘어 이 땅의 옛이야기는 그토록 야멸찬 지지리 궁상을 역설적으로 표현한다.

따라서 소 한 마리의 살점을 더 이상 발라낼 수 없을 지경까지 찢어발긴 것은 노상 소증素症을 끼고 살던 시대의 가난의 유래와 무관하지 않다. 그러나 이런 의견에 동의하면서도 다른 한편에서 확인하는 말의 향연 또한 무시하기 어려울 테다. 입의 호사가 시킨 일이건 가혹한 궁핍의 산물이건 간에 쇠고기 요리와 반찬만으로 상다리가 휠 정로로 가짓수를 고안해낸 민족의 미각 분간이 기막히다.

편포·약포·진주좌반·장볶이·설하떡은 영조 때 나온 『규합총서』에 실린 것일 뿐, 그 뒤에 개발하고 보탠 오늘날의 메뉴까지 일일이 나열하기로 들면 한이 없다. 산적·전골·찜·너비아니·장조림은 이러나저러나 마찬가지지만 말이다.

요컨대 우리말은 그렇게 발라내고 저미는 데 익숙하다. 하나하나의 쇠고기 부위에 덧댄 속담이며 삶의 지혜 역시 말의 성찬에 이바지하는 것은 말할 나위 없다. 새끼에 새끼를 치는 말의 번짐은 음식맛을 느끼는 혀의 감각을 다시 미세하게 나눈다. 짜다 싱겁다 달다를 얼마나 잘게 구분하는가를 모를 사람이 없으므로 또다시 중언부언하기 번거롭다. 그렇게 섬세한 미각이 먼저인지, 말이 먼저 있었기 때문에 느낌을 나중에 대입하는 셈인지 아리송한 형편이다.

2

이야기가 너무 좀스럽게 나갔다면 이번에는 전혀 반대의 경우를 생각해보기로 한다. 좀더 대범한 여유를 묘사한달까. 꼭 구름 잡는 소리로 들릴 법한 어투가 아주 많거늘, 실상 우리말의 재미는 이 대목에서 더욱 빛난다.

엉뚱한 비약일지 모르나 나는 예전에 잠깐 나왔다가

사라진 '벽계수' 소주를 들면서도 황진이의 시조를 떠올렸다.

동짓달 기나긴 밤을 한허리를 둘헤내여
춘풍 니블아래 셔리셔리 너헛다가
어룬님 오신날 밤이여드란 구뷔구뷔 펴리라.

문학평론가 최원식 씨는 어떤 글에서 이를 찬탄해 마지않았다. "시인이 봉인한 이 놀라운 언어적 공간으로 들어갈 자물통을 따기 위해서, 다시 말하면 독자와 시의 황홀한 스파크로 인도할 '불신의 자발적 정지willing suspension of disbelief'에 들어가기 위해서, 무엇보다 먼저 독자들은 이 시의 소릿결에 예민하게 자신을 내어맡기지 않으면 아니된다."고 했다. 지겨운 신파조 낭송을 제발 사절하고 천천히 자연스럽게 읽다보면, 시조가 어떻게 소리를 조절하고 있는지 저절로 이해하게 된다고 말이다. 동짓달의 차고 긴 겨울밤, 잠 못 이루고 일어나 앉아 그 밤의 허리를 사유思惟하는 한 여인의 모습을.

동감하면서 나대로는 우리말의 높은 추상성과 정교한 격을 느낀다. 무척 허황된 표현인 듯하면서도 비감스러운 원망願望이 하도 정갈하게 다져진 까닭에 감동이 더더욱 절절하다. 춘풍 이불 아래 서리서리 넣어둔 것은 비단 둘로 자른 긴긴 밤만이 아닐 터이다. 임을 향한 자신의 타는 그리움도 이미 허리를 끊어 포개어 두었으리라 짐작이 간다.

황진이의 풍류가 문학의 명분으로 너무 고답적이라면, 살아가는 일상이 무척 덤덤한 여염집 아낙의 동지섣달 기나긴 밤은 모처럼 평화롭다. 해가 짧아 노동시간이 줄고, 해가 짧기 때문에 미처 귀가하지 않은 남편이나 식구들을 위해 밥사발을 아랫목에 묻는다. '춘풍이불'은 아니지만 솜을 두어 누빈 덮개를 씌우고 그들을 기다렸다.

모인 가족은 그런 한때를 '흐릿한 불빛에 돌아 앉아 도란도란거리는'(정지용의 「향수」) 것이다. '전설 바다에 춤추는 밤물결' 같은 '검은 귀밑머리 휘날리는' 어린 누이가 있다. 늙으신 아버지는 '엷은 졸음에 겨워', 짚벼개를 돋아 고이신다.

농촌의 겨울은 그렇게 한적하다. '덤'으로 쉬어가는 한 해의 끝이 잔잔히 흐른다.

덤 의식은 공짜 심리를 낳았다고도 하지만 '손대중'

‘눈대중’ 등과 함께 한국인의 몸에 밴 여유와 긴밀히 닿아 있다. 시쳇말로 총체적 경험에서 터득한 지혜이기 때문에 크게 낭패보는 일이 드물다. 밤을 느슨하게 5등분하고 닭울음소리의 차례를 좇아 기상시간을 잰들 생활에는 아무 불편이 없었다. 그만큼 마음에도 여유가 생긴다. 지나치게 비과학적이라는 말은 그런 때 외려 무색하다. 시간에 생활을 비끄러매다 못해 이제는 ‘초테크’로 분할하여 돈으로 계산하는 마당이지만 아직 그 흔적은 남아 있다.

2천 명과 3천 명의 차이가 어디라고, 지금도 2~3천 명 소리를 보통으로 한다. 출근하기 바빠 대충 해치운 조반은 흔히 ‘뒤 숟갈 떴다’로 통한다. 숫자는 항상 홀로 서 있는 일이 드물다. 한둘, 두서넛, 대여섯, 일여덟 식으로 몰려다니기 마련이다.

그렇다고 삼천리강산이 거의 다 금싸라기땅인 마당에 논밭을 하루갈이 이틀갈이 등으로 부르지는 않는다. 하물며 한참갈이는 없다.

남으로 창을 내겠소
밭이 한참 갈이 괭이로 파고

호미론 풀을 매지요

구름이 꼬인다 갈 리 있소.

어쩌고 읊은 월파 김상용의 시어詩語 '한참 갈이'는 옛 날 옛적에 사어死語가 돼버렸다.

하지만 입으로나마 말로나마 면적과 거리와 시간, 그 리고 계절마저도 아직 협협하게 대함으로써 각박한 숫 자의 구속에서 벗어날 수 있다. 그것은 우리말의 여유 를 대변한다.

"까짓 땅 몇 뙈기에 죽고 살 내가 아니다."

"자네처럼 시퍼런 나이면 한달음에 두어 마장 뛰어가 고도 남겠다."

"이만한 일쯤 반나절이면 너끈하다구."

여기서 뙈기 · 한달음 · 마장 · 반나절(또는 한나절)이 모두 딱딱한 숫자생활에서의 일탈과 너그러운 자세를 일컫는 단어들이다.

표현은 어벌쩡하되 뜻은 꽤 근사한 수식어가 달 수에 도 있다.

"깐깐 4월에 미끈 6월, 어정 7월에 동동 8월이 지나면 9~10월 세細단풍"이 그것이다.

'깐깐'은 해가 길어 5월이 더디 간다는 의미다. 해야 할 일은 많고 해는 짧은 것이 6월이므로, 그 달은 가는지 오는지 '미끈'할밖에 없잖은가. 7월은 어물어물 보내기 쉽다. 추수철인 8월은 '동동'거리며 바삐 움직여야 하는 까닭에 건듯 지나치기 일쑤다. 그래서 8월을 따로 떼어 '건들 8월'이라고도 한다. 9~10월 단풍이 좋기야 하다만, 머지않아 몰골이 흉하게 될 거라는 뜻에서 세細 자를 하나 더 붙였다.

이같이 어정뜬 표현으로나마 세월의 각박한 운행을 누그러뜨리고 의식적으로 삶의 말미를 챙기려는 어휘가 우리말에는 부지기수로 널려 있다. 모호하면서도 은근한 묘미를 지닌 폭인데, 그 가운데에서도 대표적인 것의 하나가 '거시기'(키)이다.

1980년대 초 민주화 운동을 하던 몇몇 분들이 꾸민 등산팀 이름도 바로 '거시기 산악회'였다. 세상이 을축 갑자로 곤두박질치는 터에 말 한마디 옳게 나누기 힘들던 시절이다. 가당찮은 빌미를 들이대어 삐끗하면 때가는 판국에 일요등산은 임도 보고 뽕도 따는 걸음으로 제격이었다. 부실한 체력단련을 겸하여 낯익은 얼굴끼리 우의를 다지며 서로 얻어들은 잡다한 소문을 주고받기도 하는 동아리였는데, 모임의 명칭 한번 축 늘어진 격이었다. '거시기'의 용도는 많다. 일반적으로 어떤 요긴한 용건을 꺼내기 위한 준비운동 구실을 곧잘 한다. 닷새장 같은 데서 두 안사돈끼리 우연히 맞닥뜨렸다고 치자. 이제나 예전이나 딸 가진 '죄인'을 자처하는 쪽에서 화들짝 놀라 호들갑을 떠는 게 정한 이치다. 싫다고 겸양하는 상대방을 그예 국밥집에 앉혀놓고 지레 겁먹은 표정이 되어 절절맨다. 작년 농사 얘기까지 끌어대어 올 농사의 풍·흉을 짚고 안팎 사돈의 안부와 근력을 타진하던 끝에 사위 칭찬으로 말을 뱅뱅 돌려 선심공세를 마친다. 정작 하고 싶은 것은 딸에 대한 시집 식구들의 섭섭한 대접이거늘 여간해서 입이 떨어지지 않는다. 그럴 때 '거시기'로 운을 떼기 쉽다.

거시기 머시냐…… 우리 말례 고것이 워낙 주변머리 없고 솜씨가 야물지 못혀서 사장어른이나 사돈께서 답답하시지라? 게다가 속이 옅어놔서…… 접때 왔을 때 봉께 얼굴이 많이 빠졌더마는. 지깐에 한다고는 하는것 같은디…… 아가 그려도 심성 하나는 곱고 되바라지지 않았응께. 답싹끼고 가르쳐주시기 바라느만요.

공허하다면 공허한 말치레 다음의 짤막한 당부를 웃는 낯으로 한다. 서운한 표시를 맞바로 내색하지 않는다. 거꾸로 자기 딸의 미거한 부분을 조목조목 들어 마음을 사두려고 애쓴다. 다만 암시할 따름이다. 지(제)깐엔 시댁 식구들의 눈에 들고 비위를 맞추기 위해 기를 쓰다가 얼굴마저 상했거늘, 그것은 당신네들 탓이라는 원망을 슬쩍 비친 것이다. 본심이 들통날까 두려워 선처를 바란다는 당부로 그나마 얼레발을 치면서.

알고 보면 그것도 어렵사리 말문을 트게 한 '거시기' 덕이다. 거시기로 시어머니의 궁금증을 돋우고 '머시냐'로 긴장을 품도록 만들었을망정 귀 밝은 사람이라면 화자의 진짜 속내를 못 알아들을 리 만무다. 시치미를 떤들 대수랴. 할 말은 했다는 기분으로 국밥이 맛있다.

3

서로 어금버금한 문물의 묘사를 놓고 콩이야 팥이야 쪼개는가 하면, 도무지 가늠하기 어려운 허풍이랄까 흐릿한 말로 사물의 정체성을 엄벙뗑 감싸는 보기를 몇몇 들었다. 그렇다고 이런 언어군群의 양립 속에 우리말의 특징이나 멋이 있다고는 단정하지 않는다. 쇠털같이 많은 말을 그토록 거칠게 양분할 수는 없거니와, 한 가지 사실만은 분명하다. 촘촘하게 배어 있는가 하면 헐렁하게 성긴 감정 사이를 말의 사자使者가 부지런히 왔다갔다하는 동안에 우리들의 말은 한층 단련되고 살이 쪘다는 점이다. 피륙을 짜는 북이 그러하듯이 양단간을 부지런히 오락가락하면서 너름새를 키웠다.

그중에서도 특히 후자가 사람들의 옥쥔 마음을 푸근히 풀어주는 역할을 했는데 외국인들의 눈엔 그것이 또 뜨악하게 비쳤다. 더구나 셈이 빠른 그들에겐 셈이 흐린 한국인이 갈수록 난해했을 터이다. 굴비 등속의 물고기를 셀 때는 '두름'이던 것이 옷이나 그릇의 수효를 계산 할 때는 '죽'이 된다. '다발'이 있고 '개'가 있다. 중량의 많고 적음에 상관없이 짐은 죄 '한 짐', '두 짐'으로 구분한다.

그건 약과다. 제일 이해하기 힘든 것이 한국인의 '애매한 웃음'이라는 데에 그들은 대부분 동의한다. 좋아서 웃고 기막혀서 웃고 자다가도 혼자 웃는 백성이다. 김상용 시인은 '남으로 창을 내겠소'의 마지막 구절을 "왜 사냐건 웃지요"로 맺었는데, 그런 때 짓는 미소야말로 가히 철학적인 표정이라 할 것이다. 우리에게 익숙한 철학적 웃음이 서양인들에겐 환장하게 난삽하다면 말 다했다.

그래서 한국어의 결함을 지적하는 소리도 많다.

우리나라 말은 사물을 정확하게 표현하는 데 충분하지 못한 점이 있다. 명사에서도 단수와 복수의 구별이 분명하지 못하고, 인칭이나 수의 구별이 없다. 또 격에 해당되는 것도 없고, 조사 전치사로써 격을 표시하고 있다. 또한 어떤 상황을 표시하는 부정법도 없다.

—윤태림,「한국인의 언어」

뿐만 아니라 추상적인 개념을 표시할 만한 순수한 우리말이 없기 때문에(한문을 통해서 가능), 철학이 크게 발전하지 못했다고 말한다. 같은 동양인 중에서도 인도는 보편을 중시하였음에 대하여, 한국이나 일본은 도리어 개개의 것, 개성을 강조한다는 사고의 차이가 여러 영역에 나타난다고 했다. 관계대명사가 없기 때문에 전출어구前出語句를 받아 점차적으로 논리적 사고를 펴나가는 데 불편하다면서.

고유의 민족성이나 살아온 역사의 편차를 아울러 생각하게 만든다. 일률적으로 비교하기 난감한 면이 없지 않은데, 국어학자들은 바로 그러한 측면에서 한국어의 멋을 찾는 경우가 흔하다. 일석 이희승의 수필 「우리말의 감칠맛」에도 그게 잘 드러난다. 누구 눈에는 결격사유로 비치던 것이 누구 눈에는 자랑거리로 보이는 상반된 견해는 앞으로도 양립될 것이다. 그런 언어현실에 유의하면서 우리말의 감칠맛을 경청해보자.

일석의 이 일문一文은 숱하게 나도는 일본말 찌꺼기라든가 사람들의 대화에 일상적으로 끼여드는 외래어 남용을 지탄하는 데 초점을 둔다.

고슴도치도 제 자식은 함함하다고 하며, 호랑이도 자식 난 골에는 두남을 둔다든가……

국어학자의 글답게 첫머리부터 등장하는 순한 단어들이 구수하다. '함함하다'는 털이 번지르르 부드럽다는 뜻이요, '두남 두다'는 자기 마음에 맞는 편을 역성든다는 말 아닌가.

아무튼 이만한 전제를 깔고 지나친 외래어 숭상을 경

계하다가 막판에는 아래와 같은 숙제를 슬며시 디민다.

외국말을 예찬하기에 사족을 못 쓰는 분네들. 시험 삼아 다음의 우리말을 외국어로 번역해보시라.

① 섭섭하다·안타깝다·시들하다·얄망궂다·달금쌉쌀하다·시금털털하다·대견하다·오붓하다·찐덥지 않다.

② 아래턱은 코를 차고, 무르팍은 귀를 넘고.

③ 떡가루를 치려는지 체머리는 무삼 일고.

④ 선 수박씨 같던 이가 목탁 속이 되었으며, 단사丹砂같이 붉던 입술 외밭 고랑 되었구나

⑤ 층암절벽상에 폭포수는 콸콸, 수정렴 드리운듯, 이 골 물이 주루룻 저 골 물이 쌀쌀, 열이 열 골 물이 한데 합수하여, 천방져 지방져 소코라지고 펑퍼져, 넌출지고 방울져, 저 건너 평풍석으로 으르렁 콸콸 흐르는 물결이 은옥같이 흩어지니.

⑥ 모시를 이리저리 삼아, 두루 삼아 감삼다가, 한가운데 뚝 끈쳐지옵거든, 호치단순皓齒丹脣으로 홈빨고 감빨아, 섬섬옥수로 두 끝 마조 잡아 뱌비쳐 이으리라, 저 모시를 우리 임 사랑 그쳐 갈제 저 모시같이 이으리라.

번역가는 어떨지 모를망정 나더러 우리말로 뜻풀이를 하라고 해도 썩 자신이 없을 지경이어서 부끄럽다. 그리하여 말은 할수록 늘고 되질은 할수록 준다는 옛말에도 요즈음은 회의를 느낀다. 말을 올바르게 하고 제대로 활자화하는 작업이 청산유수로 주절거리는 상투적인 언어를 고스란히 복사하는 짓이 아닌 바에야 파면 팔수록 어렵다.

이런 형편에 국적불명의 외래어가 함부로 덤부로 우리 생활에 개입하여 순수 모국어는 비빔밥이 되어 간다. "유우는 언제 스테이츠에서 왔나?"라는 대화가 예사로 나도는 사회에 지식인 집단의 외국어 남발 풍조 또한 심상치 않다.

"가상적인 딜레마를 빼버리고 아주 프랙티컬한 세팅 속에서 문제를 다루는 연습을 하자."

어떤 조사에 나타난 대학 강의의 한 대목이라고 했는데, 자연계나 이공계가 더욱 두드러진 모양이다. 심한 사례로는 한 문장에서 조사 접두사 접미사를 뺀 나머지가 모두 외래어와 외국어로 채워진 경우도 발견되었다.

알맞은 우리말 번역이 없거나 한국어로는 정확한 의미 전달이 불가능한 때는 도리 없을지 모르지만, 이러한 경향은 신문도 예외가 아니다. 제목을 아예 영어 단자로 내세우는 수가 많다. 일석이 살아계셨다면 깜짝 놀랄지, 시대의 추이로 받아들일지……

한때 반영어법反英語法까지 만들어 위반자에겐 한화로 최고 280만 원의 벌금을 매겼던 프랑스의 모국어 수호 정책은 너무 심했다 하더라도, 우리는 우리대로 영어 생활화가 정신없이 지나치다.

생길 만해서 생기고 사라질 만해서 사라지는 것이 말이다. 덮어놓고 옛말을 되살린다든지 무조건 한문 지명을 축출하려는 발상은 쇄국주의의 표본이다. 생자필멸은 인간에게만 해당되는 것이 아니기 때문이다. 말의 생성과 소멸 양상도 부분적으로 매일반인 탓에 사어死語와 신생어는 불가피하고 그게 정상이다. 하지만 인멸이 못내 아쉬운…….

4

'말만 잘하면 천냥 빚도 가린다'는 속담의 나라에 우

리는 산다. 그러나 말을 잘하는 것과 멋있게 구사하는 것은 다르다. 거기에는 또 시대차가 없지 않다. 일본 제국주의의 수탈이 한창일 때 '말깨나 허는 놈'의 가는 곳은 뻔했다. '아리랑' 노랫가락에 슬픈 가사를 바꿔 끼웠다.

말깨나 허는 놈 가막소(교도소) 가고요.
힘깨나 쓰는 놈 탄광에 간다.
물 좋고 산 좋은 데 일본놈 살고요.
인물깨나 생긴 년 갈보로 팔리네.

오늘날은 누가 말을 잘 하는가. 부질없는 설문인데, 말에 관한 우리나라의 그 많은 속담은 막상 쓸데없는 요설饒舌을 경계하는 것이 대부분이다. "말 많은 집은 장맛도 쓰다"느니 "말이 씨 된다"느니 한다.

사전에 따라 얼마큼씩 차이가 있기는 하지만 말들은 우리나라 7대 속담의 하나다. 내 수중의 여러 속담사전 가운데 이기문이 편찬한 책을 표준삼아 뽑아본 결과 80개가량 되었다. 가장 많은 것은 '놈'이 들어가는 속담으로 120개를 넘었다. '놈'자는 분명 욕이로되 '사람' 대신

애교로 곁들인 경우가 태반이라는 사실을 잊어서는 안된다. '개구멍으로 통량갓을 굴려낼 놈' 등속의 험담이 적지 않지만, '헐복한 놈은 계란에도 뼈가 있다'는 식으로 자신의 불운을 탓하는 예도 적지 않다. 마소나 물건을 지칭할 때도 쓰이는 건 물론이다.

이왕 사전을 뒤진 수고가 아까워(?) 우리 속담에 자주 오르는 말들의 빈도를 1위에서 7위까지만 나열해보면, ① 놈(120개), ② 개(118개), ③ 물(101개), ④ 사또님(89개), ⑤ 똥(85개), ⑥ 집(81개), ⑦ 말(79개) 등이다.

'개'가 랭킹 2위를 차지한 까닭에는 요컨대 '개 귀의 비루를 털어먹을 정도'로 치사한 인간이 되지 말자는 일깨움까지 포함된다. '똥'이 그처럼 빈번히 나타나기는 하지만, 그걸 씻어내고 정화하는 '물'이 그처럼 지저분한 오물과는 상당한 격차를 두고 상위 그룹에 끼어 있음을 주목해야 하리라. 여차하면 둑을 터 오물을 흘려보낼 기세로.

아무려나 우리말은 네모반듯하기보다는 둥글넓적하고, 단단하기보다는 무른 편이다. 무엇보다도 대화 용어로 알맞다. 그리고 말꼬리를 슬쩍 비틀고 뒤집는데

장기가 돋보여 차라리 연극적이다. 그것들을 요긴하게 뒷받침하는 소도구가 이른바 해학이요 속담이다.

김영삼 대통령이 왕년에 발설한 '버르장머리' 파문이 그런 축에 든다. 1995년 가을이던가. 중국 국가 주석 강택민과 정상회담을 마침 김 대통령은, 공동기자회견 석상에서 "일본의 버르장머리를 고쳐놓겠다"고 말했다. 그들의 잦은 '역사 망언妄言'과 관련하여 나온 언급이었는데, 당시의 일본 정부 대변인인 노사카野坂浩貴 관방장관이 곧 불쾌감을 표시하고 나섰다.

"그런 말은 공식으로 사용하지 않는 것으로 알고 있다. 나중에 한국 정부가 발언을 정정하여 공식적 발언은 아닌 것으로 이해하고 있으나, 보다 절도 있는 발언을 해주기 바란다"고 뾰로통하게 받았다.

『아사히신문』도 이 문제를 사설로 다뤘다. "대통령의 발언으로는 좀 감정적이라고 할 수 있으나, 분노는 이해할 수 있다"고 부드러운 반응을 보인 반면, 『요미우리신문』은 버르장머리 용어에 대한 설명을 곁들여 전후 사정을 설명했다. '그건 손윗사람이 젊은이의 나쁜 버릇을 꾸짖을 때 쓰는 말'이라고.

'버릇'에 감정이 삽입된 예라 하였다. 그것은 훨씬 먼저(1994년) 나왔던 일왕 아키히토明仁의 대한국 사과발언을 연상시켰다. 그때의 핵심은 '통석痛惜의 넘念'이었다. 그 용어가 사죄냐 아니냐를 놓고 한·일간에 한바탕 논란이 벌어졌거니와, 일본어의 모호한 둘러대기 버릇에도 문제가 있었다.

하고 보면 말의 상차림이랄까 진정한 표현은 진자리 마른자리를 옳게 가리며 끊을 때 끊고 맺을 때 맺어야 한다는 이치와 같다. 아름답다는 것은 곧 정확하다는 말과 일맥상통하다는 문리를 다시 터득하게 만든다.

그건 그렇고, 속담을 일상생활에 응용하기로 우리를 덮을 민족이 또 있을까 싶다. 수수백년을 두고 몸에 밴 경험의 집대성이 그것이라고 쳤을 때, 한국민의 속담 생활화는 유별나다. 나날의 삶에서 너무 많이 너무 흔히 목격한다. '이래야 한다' '저래야 한다'는 훈계에 웬만치 물린 아이라도 부모가 빡빡한 질책을 속담으로 감싸먹이면 웃음과 더불어 받아먹는 효능을 발휘한다. 하여 쬐끄만 꼬맹이들의 입에서조차 "될성부른 나무는 떡잎부터 알아본다"든지, "세 살 적 버릇이 여든까지 간다"는 말이 오르내리기 일쑤다. 속담을 주워섬기는 순간의 부모 표정이 벌써 노기 띤 얼굴과는 거리가 멀기 십상이다.

　다른 한편에는 또 해학諧謔이 있다. 아깟번에 얘기한 대로 이 두 기둥이 우리말의 멋과 생활의 맛을 도탑게 하는 데 적잖은 몫을 한다. 해학은 말에 치중하지 않아 여기서는 할애하려니와, 말에 관한 속담의 상당 부분이 말의 절제와 무게를 노린 내력에 재삼 유의하고 싶다.

　위에서 아래로 물을 줄줄 쏟듯이 말을 막힘없이 한다고 맛이 아니다. 열을 안다고 한꺼번에 열을 몽땅 소진해버리면 화자話者와 청자聽者가 마침내 서로 허전하다. 동양화의 여백이 단순한 공간이 아니며 그 안에도 그림이 존재한다고 보아야 하듯이, 말도 때로는 과감하게 사상捨象해야 제맛이 우러난다.

　가람(이병기)이 들던 중 절창絶唱이라고, 그렇게 칭찬해 마지않던 속요俗謠 한 수가 이때 떠오른다.

　　모시야 적삼 안에 연적硯滴 같은 저 젖 보소.
　　많이 보면 병납네다
　　담배씨만큼만 보고 가소.

　유두乳頭는 또 얼마나 크다고, 식물의 씨 중에서도 이

를 데 없이 작은 담배씨에 빗대어 규시窺視를 경계하는
가. 말하는 자 글쓰는 자 다같이 되새겨야 할 만한 비유
다.

그러나 더더욱 중요한 것은 옛것에 지나치게 집착하
지 말고 우리말의 발전적 연구와 경영을 위한 공력을
줄곧 쌓는 일이다. 옛사람들이 가꾸고자 애썼던 우리말
의 덕목을 복원하려는 노력 못지않게 정성껏 품을 들여
야 한다. 한국어는 상처투성이다. 외래어 틈입 문제 외
에 남북분단에서 온 말의 이질화가 빠른 속도로 진행중
이다. 앞날의 언어현실이 비관스러울 밖에 없는데, 전
문학자들과 문학인들의 직업적 모국어 지키기와 사랑
만으로는 부족하다. 근자에 와서 확인하는 젊은 학자들
의 고루한 글쓰기틀 거부 추세가 그만큼 다행스럽다.

그동안의 인문학계는 너무 엄숙주의에 사로잡힌 감
이 없지 않았다. 말이 쉬우면 내용도 헐한 대접을 받는
다는 '착각' 때문인지 논문은 으레 난삽한 것으로 인식
되었다. 서론·본론…… 식 구투가 지겹게도 오래 계속
되다가 다소 부드럽게 고친다고 고친 것이 서론을 '들
어가는 말'로 뽑은 정도이다. 들어간다는 말 자체가 희
한하고 우습다. 영어로 직역하면 어떻게 되나. 일어로

옮기면 무엇이 되나.

무작정 쉽게 말하기와 평이하게 쓰기가 좋은 건 아니다. 모든 면에서 경박하고 안이한 사고가 판을 치는 사회에서, 독야청청한 아카데미즘이 당당히 솟아 있는 모습은 든든하다. 우아하다. 하지만 거기서 나오는 말을 수용하는 층은 주입하는 대로 물을 켜는 어제의 해면이 아니거늘, 전달기능은 여전히 지난날과 아무 변화가 없을 때 딱하다. 알맹이의 변조가 아니라 전도체의 정확성에 대한 요구다. 그걸 충족시키지 못하는 구각 앞에서 이왕이면 다홍치마의 우리말 멋내기 희망이 되레 가당찮다고 할 것이다.

멋이라는 말도 '원전중심'의 개념풀이에만 달라붙는 사람들에겐 꽤나 어정쩡한 말이다. 우선 그 방면의 전문학자들간에도 정의가 다소 오락가락한다.

일석은 이렇게 멋을 푼다.

첫째. 우리에게 쾌감 이상의 쾌감을 주는 것이요. 쾌감 이하의 담박미淡泊味를 주는 것. 그리하여 중국의 풍류보다는 해학미가 더하고, 서양의 유머에 비하면 풍류적인 격이 높은 것.

둘째. 멋은 실용적이 아니다.(예, 필요 이상 긴 옷고름
과 술띠나 댕기, 또 위로 발룩 잦혀진 추녀나 버선코).

긴 문장을 요약하면 이렇거니와 일찍이 국문학의 특
질을 '은근과 끈기, 애처럼과 가냘픔, 두어라와 노세'로
규정한 도남 조윤제는 일석의 이런 지적에 대해 약간의
아쉬움을 표시한다. 그 정도의 멋은 우리에게만 있는
것이 아니기 때문이란다.

영국 사람들이 모닝코트에 실크햇을 쓰고 스틱을 흔들며
다니는 것도 그들의 멋이요, 인도 사람이 머리에 흰 수건을
두껍게 휘휘 감고 다니는 것도 그들의 멋이며, 요사이 거리
에 미국 군인들이 조그만 군모를 머리 위에 삐뚜룸하게 붙
이고 다니는 것도 그들의 '멋'일 것이다. …(중략)… 그러
니 결론적으로 한국 문화, 예술의 특징은 '멋'이다라는 말
은 성립될 수 없고 쓸 수도 없는 것이다. 그러면 이 멋이라
는 말은 도대체 어디서 나온 말인가

—『도남잡식 · 멋이라는 말』

미리 결론을 요약하면 도남은 멋이라는 말의 내력을

'어긋남'에서 찾는다. '맛'이라는 말이 어긋나서 생긴 말이 멋이 아닐까, 조심스럽게 유추하면서 멋과 맛은 필시 한 말의 두 형形, 즉 멋은 맛味의 변형일 것이라고 생각했다. '멋대강이 없다'와 '맛대강이 없다', '멋없다'와 '맛없다' 등의 용례用例를 들면서.

우리말의 멋을 말하는 자리가 오히려 멋을 훼손하지나 않았을까 두렵다. 워낙 거창한 소재라서 나로서는 좀 버거웠다. 기껏 말을 아껴 써야 한다 해놓고 주절주절 헛소리나 나열하지 않았는지 스스로를 되돌아본다.

같이, 처럼, 듯이

소설이 곧 묘사요 묘사가 곧 소설이라고 볼 수 있다. 그러므로 다 늦게 묘사에 대해 말하는 것 자체가 엉뚱하고 뜨악하게 수용될지도 모르겠다. 제풀에 막막하다.

인물, 풍경, 심리, 행동에 걸쳐 묘사 아닌 것이 없거니와, 대번에 걸리는 것이 '같이', '처럼', '듯이'다. 수사修辭 의식이 생기는 첫 순간부터 따라나서는 보편적인 조사라는 지적을 넘어 '필요악'의 생각마저 든다. 거듭 남용하면 더군다나 글이 천격으로 흐를 우려가 있다고 말한 이태준은 그의 『문장강화』에서 아래와 같은 보기를 든다.

부득이하야 허씨許氏를 장가 드니 그 용모를 의론할진대 두 볼은 한 자이 넘고 눈은 퉁방울 같고 코는 질병 같고, 입은 미여기 같고, 머리털은 도야지털 같고, 키는 장승만 하고 소리는 이리 소리 같고……

—『장화홍련전』의 일절

"일자일운一字一韻을 범연히 아니하는 정지용도 이 원시적인 '처럼' '같이'를 아주 떼어버리지 않는다"면서, 그의 산문 「녹음 애송시」를 예로 들었다. 그 속에 나오는 '촛불이요'와 '산호송이로다' 역시 '같이'를 삼갔을 뿐 강조의 뜻엔 변함이 없다고 보았다. 그러나 문의文意까지 심각해지는 일석이조의 묘법임을 인정했다. 『춘향전』 등에 등장한 '방자놈 마음이 염초청焰硝廳 굴뚝이요 호두각虎頭閣 대청大廳이라' 따위 표현 양식이 '같이', '처럼', '듯이'의 비약법이라면서.

그런 수식이 구식은 구식이되 한국인의 어법에 아주 오래전부터 친숙하게 녹아내린 발상이다. 좋고 나쁘고를 떠나 무작정 원용하는 것은 물론 안 좋다. 하지만 버스나 커피숍 등에서 귀동냥하는 확립된 비유법의 범람을 어쩔 도리가 없다.

"걔 이름이 뭐더라? 있잖니. 코주부같이 코가 뭉뚝한 반면 눈은 소피 마르소처럼 예쁘게 생긴 아이. 중2 때 같은 반이었잖아."

"별명이 미녀와 야수였던 아이 말이지? 갑자기 물으니까 이름이 생각 안 나네."

소녀들의 속삭임에 미소를 머금을 수 있다.

"그 친구 이름이 뭐였지? 지가 무슨 애국지사라도 되는 듯이 만났다 하면 막된 세상을 주절대던 녀석 말야. 입이 하마처럼 컸지."

"옳아. 눈썹이 여덟팔자같이 밑으로 축 처진……. 김 뭐더라……"

삼십대 회사원들의 너무 이른 건망증에 고소를 날릴 수 있다.

언문일치설까지 들먹일 계제는 아니라 하더라도 이렇게 문장 경영의 대목대목에서 '같이' '처럼' '듯이'의 장애물과 부딪히기 마련이다. 그걸 피하고자 다른 말로 바꾸거늘 내용은 그게 그것인 수가 많다. 비유의 어려움이 사람 잡는다. 먼 데(과거), 가까운 데(현실)에 있는 경험의 공유를 끌어다가 당장의 사물 묘사를 더욱 실감나게 하려는 노력이다. 그건 좋은데 되도록 티를 안 내고 이야기를 재미있게 옮기는 운반수단으로 카무플라주하기가 수월찮다. 그것은 소설가들의 문제만도 아니다. 어떤 인물의 외모와 이름이 객관적으로 회화화되고, 직업에 따라 유형화되기는 다른 나라도 매일반이다. 다만 우리 쪽에 규격화를 서두르는 경향이 농후한 편이다. '같이' '처럼' '듯이'가 유난스런 옛 소설의 흔적이라든가 무의식의 과장법이 적잖이 남아 있다.

특이하다면 특이할지 모르나 한국소설의 장기는 아무래도 풍경묘사에서 한층 빛난다고 생각한다. 일본소설 또한 이 점에서는 비슷한데 요새 와서는 전보다 덜한 느낌이다. 우리는 여전히 이 부분에 줄곧 주의를 기울이는 셈이다. 움직이는 사람에 비해 자연계는 어느 자락을 어떻게 들추고 들어가야 할지 한층 막연할 터인데도 어지간한 서정시 못지않은 풍경화를 절묘하게 그린다. 더러는 서사敍事 구조도 낀다.

풍요하고 떠들썩하면서도 쓸쓸하고 가슴 아픈 축제. 한산 세모시 같은 한가위가 지나고 나면 산기슭에서 먼, 먼 지평선까지 텅 비어버린 들판은 놀을 타고 허무하게 누워 있을 것이다. 마을 뒷산 잡목 숲과 오도마니 홀로 솟은 묏

등이 누릇누릇 시들 것이다. 이러고저러고 해서 세운 송덕
비며 이끼가 긴 열녀비며, 또는 장승 옆에 한두 그루씩 서
있는 백일홍나무에는 물기 잃은 바람이 지나갈 것이다. 그
러고 나면 겨울의 긴 밤이 다가오는 소리를 들을 수 있다.

— 박경리, 『토지土地』제1편 序

가을 들판의 쓸쓸함을 거쳐 무궁무진한 이야기의 잉
태를 암시하고 있다. 웬만한 풍경묘사는 단순한 묘사에
그치지 않고 등장인물이 전개하는 행위와도 관련된 것
임을 알 수 있다. 자연과 인간의 대립 대신 서로를 아우
르는 동양적 정조情調인 동시에, 어떤 때는 풍경이 인물
을 압도하기도 한다. 서양 소설에 등장하는 자연 묘사
는 사람과 마찬가지인 독립된 생명체 구실을 하기보다
작품을 설명하는 장치로 기능하는 예가 더러 있다.

마알로트 마을은 블레이크모어 또는 블랙무어라고 하는
아름다운 골짜기의 동북쪽 계곡 사이에 자리잡고 있으며,
런던에서 불과 네 시간 남짓한 거리에 있으면서도 아직껏
관광객이나 풍경화가의 발길이 미치지 않은, 산으로 둘러
싸인 동떨어진 고장이었다.

이 골짜기는 아마 가뭄철의 여름날을 제외하고는, 이곳을 둘러싼 여러 언덕의 꼭대기에서 내려다볼 때 가장 잘 알 수 있다. 궂은 날씨에 길잡이도 없이 깊숙이 더듬어 들어갔다가는 꼬불꼬불한 좁다란 진창길에 흔히 불쾌한 느낌을 갖게 마련이다.
—토마스 하디, 정인섭 역, 『테스』 제1부 2장

환경 탓도 있겠지만 러시아나 북구北歐 쪽 작가들의 작품 속에 우리와 유사한 분위기를 풍기는 것이 눈에 띄는 건 흥미롭다.

아무튼 한국 소설의 풍경 묘사는 쓰는 사람이나 읽는 사람을 다같이 사로잡기 쉬울 만큼 돋보이는 것이 많다. 줄거리는 죄 잊어버렸을지언정 자연에 숨을 불어넣는 아름다운 영상으로 아직 기억에 생생한 대목을 재생해보라. 분명 한두 소절씩은 간직하고 있을 터이다. 마치 애송시의 한 구절마냥 떠올릴 법한데, 그 이유는 전래의 단편소설 기교와 무관하지 않다고 믿는다. 작은 그릇에 어차피 중량감 넘치는 서사를 담기는 힘들기 때문에 서정에 푹푹 젖는 심정적 델리커시 쪽에 더 무게를 두었다. 그런 버릇은 중편이나 장편을 쓰는 마당에서도 그대로 답습되기 십상이었다.

　나도 그랬다. 장편엔 장편다운 속도감이 붙어 마땅하고 여세를 몰아 팍팍 밀어붙이는 역동감이 있어야 하는데도, 미세한 구석에서 우두망찰할 지경의 묘사에 걸려 터덕거리기 일쑤였다. 그런가 하면 때로는 자빠진 길에 쉬어가는 푼수로 원고지 서너 장 분량의 묘사에 매달려 하루해를 꼴깍 넘기는 바보짓마저 저질렀다. 이만저만 손해가 아니라는 자격지심이며 처치곤란한 울화는 나중 일이다. 당장은 스스로 걸고넘어진 자기최면의 '말놀이'에 정신이 팔려 단어를 살상하기 바빴다. 아니 그런 고통을 오히려 즐겼대도 무방하다. 두 서양말의 어원이나 촌수는 잘 모르겠다만, 특히 서정적인 기분을 눅진하게 깔기 위해 나르시시즘의 리리시즘이랄까, 리리시즘의 나르시시즘 사이를 오락가락했다. 때로는 돈도 안 되는 성취감에 혼자 젖으며.

　독자가 하필 그 부분에서 한눈을 판다든가 전혀 대수롭지 않게 여기고 건너뛴들 상관없다. 어차피 글의 운명이 그런 거니까 가타부타할 게 없는데. 난감한 것은 순간의 미아가 된 작품이다. 알량한 묘사의 재미에 들려 이야기의 틈새가 황소바람 드나들 정도로 벌어진 건

고사하고, 말로 줄거리의 행방이 묘연하고 헷갈렸다. 눈 딱 감고 잘라내면 그만이지만 사람의 욕심이라는 게 어디 그런가. 애면글면 뽑아낸 어휘의 목을 댕강 치는 것이 매정하고 쏟아부은 공력이 아까워서도 그대로 살려두기 쉽다.

풍경묘사는 꽃 피고 새 우는 자연에 국한하지 않는다. 날렵한 도시의 몸짓이 또 있다. 퀴퀴한 뒷골목이면 뒷골목, 아주머니들의 몰캉거리는 살냄새로 들썩이는 백화점은 백화점대로 묘사할 것이 쌨다. 벌써 랩을 지나 레게음악으로 치닫는 젊은이들의 양지를 벗어나면, 생선 회칼 번득이는 모래시계의 세계가 음지로 널브러진다. 무루카미 하루키와 함께 우리나라의 젊은 소설에도 영향을 미쳤을 무라카미 류의 작품에는, 일찌감치 ‘혼성모방’ 아닌 원단原緞 그대로의 국제적 ‘혼성 섹스’가 차라리 덤덤하게 묘사된다. 헤로인을 맞으며 행위를 벌인다.

사브르오는 아프리카 토인이 싸울 때 외치는 소리를 지르며 얼굴을 일그러뜨린 채 가슴을 쥐어뜯는 레이꼬에게, 더 크게 울라면서 몸 돌리는 속도를(자기 하복부에 올려놓고—필자 주) 빨리 한다. 모꼬의 유방을 빨던 오스카도, 시들은 페니스에 차디찬 타올을 얹은 더함도, 그리고 아직 발가벗지 않은 잭슨도, 게이꼬를 타고 앉은 폼도, 모두 빙글빙글 돌고 있는 레이꼬를 보고 있다. 폼과 더함은, 하느님 맙소사, 이건 대단한 걸, 레이꼬를 돌리는 걸 돕는다. …(중략)… 레이꼬의 성기에는 강하게 비벼댔기 때문에 빨갛게 번져 빛나는 점액이 고여 있다.

　　　　—무라카미 류,『한없이 투명에 가까운 블루』의 일절

심리묘사 성격묘사는 말해 무엇하랴. 묘사에 죽고 묘사에 사는 것이 소설이긴 해도 지나치게 신경을 쓰다보면 상대적으로 서사가 나약해지지 않을까 가끔 생각한다. 하물며 '같이', '처럼', '듯이'를 애용하는 습관에 익숙해지면 익숙해질수록 탈피하기 힘들 것이다. 우리 소설의 장점이라면 장점이고 단점이라면 단점이겠는데, 앞으로는 이 문제에 매우 마음을 써야 할 것 같다.

　나 자신부터 그렇다. 줄여야겠다 다짐하면서도 막상 시작하면 저것에 빗대어 이것을 수식하는 글투를 여간해서 버리지 못한다. 그럴 때는 큰 맘 먹고 빅토르 위고의『레 미제라블』을 떠올리기도 한다. 예를 들면 파리

하수도의 역사 서술 말이다. 나도 그 하수도 속으로 들어가 보트를 타고 구경한 적이 있거니와, 위고의 하수도 역사 그리기는 참으로 장황하고 거창하다. 자세히 계산해보지는 않았지만 2백자 원고지로 아마 2~3백 장 가량은 실히 될 것이다. 그뿐만이 아니다.『레 미제라블』에는 정치 경제 풍속사가 놀랍도록 자세히 실려 있다. 하면서도 지루하지 않게 끌고 간 솜씨 때문에 고전으로 남아 있을 터이다. 허구와 사실 사이를 어떻게 잘 타고 넘을 것인가에 대해 배울 점이 많다.

하필 중학생 또래 작문교실에서도 거들떠보지 않을 '같이', '처럼', '듯이'에 매달려 낑낑대느냐고 나무란다면 할 말이 없다. 그러나 일이 잘 풀리지 않을 때는 처음 출발점으로 되돌아가 실마리를 푸는 게 제격이라는 만고의 진리야 발딱 까진 요새라고 어디 가겠는가.

한다고 고작 '같이'…… 수준의 학습을 복습하여 무얼 어쩌자는 주장이 아니라는 것은 앞에서도 비쳤다. 더 나아가 묘사를 위한 묘사에 탐닉함으로써 생기기 쉬운 소설의 '물렁뼈화 현상'을 경계하자는 취지를 편다.

그 다음의 방법론? 그런 건 없다. 더불어 고민하고 해법을 알거들랑 나눠달라는 의미에서 던진 화두다.

한일 문학 접촉

　1주일에 2회씩, '먼 하늘 가까운 바다'라는 제목의
한 · 일 공동소설이 한겨레신문 연재에 이어 책으로 나
왔다. 공지영, 쓰지 히토나리 두 작가가 남녀 주인공의
어제 오늘을 같은 타이틀로 각각 쓴 것이다. 시점視點을
엇바꿔 몫몫의 얘기를 엮었다.

　매우 실험적인 수법인데, 쓰지는 이런 실험이 두 번
째다. 90년대말, 에쿠니 가오리와 함께 『냉정과 열정 사
이』를 이미 써냈다. 잡지나 출판사측 기획이 아닌 두 사
람의 착상이었다. 기본 취지에 의기투합한 후에도 오랫
동안 뜸을 들였기 때문에 편지를 주고받는 것 같은 형

식에 피차 고무되어 공동작업의 자극과 의미가 컸다고
한다. 문학지 연재 끝에 따로따로 낸 책에서 그가 밝혔
다.

특별한 형식이 아무튼 돋보인다. 영화에서나 보던 합
작의 소설판인 셈인데, 작가와 주인공들의 '국적'에 많
은 묘미와 부하가 걸렸을 법하다. 『냉정과 열정 사이』의
주무대가 밀라노였던데 비해 『먼 하늘 가까운 바다』는
도쿄와 서울이다. 독자 처지에서 넘겨짚는 상식이 어설
픈 대로, '가깝고도 먼 나라'의 버전을 연상시키는 공통
제목이나 '한·일 공동소설'의 한일 자 사이에 굳이 찍
은 점이 그런 속내를 짐작케 한다.

그에 앞서 동아일보와 아사히신문에 동시 연재됐던
재일동포 작가 유미리 소설 『8월의 저편』의 예도 있다.
장거리 육상선수였던 외조부의 삶을 6·25를 배경으로
다룬 내용이다. 그 역시 전에 없던 일이다.

어디 문학뿐인가. 한일 문화의 상호 체험은 갈수록
다양하고 빠르다. 분야를 가리지 않는 각개약진 형태로
사람과 문물의 섞임과 번짐이 왕성하다. 거의 일상화
수준이다. 태생적으로 일본에 구애받을 것이 없는 젊은
세대는 하물며, 교류의 요소요소에서 당당하다. '붉은

악마'의 함성으로 일본 축구에 맞서다가도, 헤어지면 일제 애니메이션에 매달리는 투로 인식의 전환 분리가 독자적이다.

NHK가 세종문화회관에서 녹화를 떠 최근 방영한 '노도 지망'(노래자랑) 프로를 우연히 보고 그만한 추세를 더더욱 실감했다. 만장한 관객 앞에서 일본 노래를 부른 20여 출연자 가운데엔 한국에 사는 일본인도 물론 '끼어' 있었으나, 3분지 2는 남녀노소 한국인이었다. 그중의 대부분은 또 고등학생을 포함한 청년층이었다.

이미자의 〈동백아가씨〉를 왜색 가요로 낙인찍어 금지시킨 게 60년대 중반이다. 쇠도 녹일 40년 세월이 지났으므로 왜색을 넘어 원본 '엔카'를 열창하는 10대의 모습이 자연스럽고 당연한 데도, 어쩌자고 그때 그 기억이 잠깐 뇌리를 스쳤다. 80을 훨씬 넘은 노인이 기타까지 치면서 부른 〈사케와 나미다카 다메이키카〉(술은 눈물이냐 탄식이냐)는 매우 구슬펐지만, 연치에 걸맞는 가락을 택했구나 여겼다.

어떻든 놀라지 않았다. 어느 날(2005년 여름)의 작은 퍼포먼스를 두고 세상 참 많이 변했다는 따위 '난닝구

의 탄식'을 또다시 입에 담을 것이 없었던 게다. 다만
열적었다. 저들은 서울 한복판에서 힘 하나 안 들이고
일본노래판을 벌이는데, 우리는 도쿄의 이름난 공회당
에서 일본인 중심의 한국가요판을 상상하기 어려운 현
실을 불가불 떠올렸다. 그런데 서울서 뽑힌 한국 여대
생이, 다음해 봄 1년을 결산하는 NHK홀의 챔피언대회
에서 우승하는 걸 또 보았다. 신통하달까…….

그건 그렇고, 아무튼 일본 문화의 두고두고 은근한
입초入超 만연이 수출역조 못지않다. 우리의 소소한 진
출에 엄살마저 부리며 소리 없이 나래를 편 역사가 길
다. '욘사마'를 앞세운 '한류'가 어느새 한류寒流로 얼어
붙을 기미마저 보이는 상황에서 내내 범연해도 좋을
지……. 전래의 피해의식과는 무관하다. 그런 의식을
상당 부분 털어낸 단계이기 때문에 그 같은 양상에 한
층 괄목하는지도 모르겠다.

까마득한 옛 얘기지만, 일본책과 관련하여 지금도 희
한한 것이 부산 피난시절의 베스트셀러였던 후지하라
데이의 『흐르는 별은 살아 있다』는 논픽션이다. 만주에
서 일본의 패망을 맞은 주부가 기상대 직원이었던 남편

과 헤어져, 다섯 살, 두 살 아들에, 태어난 지 한 달밖에
안 되는 핏덩이(딸)를 데리고 1년, 38선을 넘어 고국으
로 가는 과정이 끔찍하다. 그것이 대뜸 우리말로 출판
되어 널리 퍼졌다. 6·25 직후의 자기연민과 동병상련
이 겹쳐 그랬겠으나 피난 수도 부산을 중심으로 많이들
읽었다. 남의 염병이 내 고뿔만 못하다는 말이 무안한,
느닷없는 감동이 야릇했다. 이 책은 발간된 지 근 50년
후 개정판을 또 낸다. 다시 만난 저자의 남편은 작가로
인생을 재출발했다.

잇달아 등장한 고미카와 준페이의 『인간의 조건』 역
시 대단한 인기품목이었다. 6권의 중량과 값에 눌려 손
에 넣기 힘들었지만 꽤 오래 팔렸다.

그래서 어쨌다기보다, 인간의 생사랄지 극한상황에
견주면 자신의 분단에 이은 전란 체험을 덮을 것이 없
는 데도 그랬던 내력이 별스럽다. 혹독한 현실과 가난
에 짓눌려 무엇을 기록할 염조차 못 내고 헉헉대는 사
이, 일본은 조선의 '동란특수'를 누리며 무너진 산업을
되일으킨 여력으로 문학을 재건했다. 한동안 책을 놓고
정신없이 전쟁에 휘둘리던 독서층이 밀린 숙제를 하듯
그걸 뒷받침했다.

많지도 않은 문학 구매력의 일정 지분을 우리는 그때 그나마 놓친 셈이랄까. 그에 상응하는 이유를 꼽기 전에, 다자이 오사무의 『사양』에 끌리고, 오에 겐자부로의 『사육』에 매료되었다. '문제작'이 딱딱해서 싫은 사람은 하라다 야스코의 『만가挽歌』나 미우라 아야코의 『빙점』으로 미구에 달려갔다. 그리고 뜸한 휴면기를 지나 무라카미 하루키와 류, 요시모토 바나나 등으로 이어진다. 견강부회의 감이 없지 않되, 지나놓고 보니 느슨한 수준의 일서日書 바통 이어달리기를 보는 느낌마저 든다. 상대적으로 그렇다는 뜻이다.

나름대로 긴장과 이완을 골라잡는 독자의 취향으로 돌려 무방하려니와, 야마오카 소하치의 『도쿠가와 이에야스』(또는 『대망』) 바람이 광고 없는 입소문만으로도 아직 기세등등한 사정을 또 어떻게 설명하면 좋을까. 한 질 분량이 30권을 넘는 초대형 대하소설이 스테디셀러를 훨씬 넘는 호황을 구가한 지 20년은 좋이 되지 싶다. 처음엔 나이 든 이들 위주였는데 요새는 청소년들이 더 많이 찾는다. 그들은 인터넷의 '지식in'을 통해 『주신구라忠臣藏』, 『미야모토 무사시』, 『료마가 간다』 등등의 전국시대 영웅담이며, 명치유신 인물들에 재미를 붙여 그에 관한 독서정보를 예사로 나눈다. 그야말로 장난이 아닌 것이다.

한국소설의 일본어 번역판도 어지간한 터에, 따지고 보면 이쪽 귀책사유 또한 적잖아 일일이 탓할 것이 못 되거늘, 한결같은 흡인력과 열독률의 피아간 편차가 심하다. 내친 김에 언급해도 될 '삼국지'는 말할 나위 없다. 통과의례처럼 대대로, 요시카와 에이지의 일본판 이래 꾸준한 지구력이 놀랍다. 웬만한 종교도 외래 사상도, 이 땅에 뿌리를 내리기만 하면 원산지 이상으로 웃자란다는 역설마저 생각게 한다.

문학을 제외한 한일관계 책자는 수효를 헤아리기 난감할 지경으로 서사에 그들먹하다. 정치, 사회, 경제, 풍습, 관광 등에 걸쳐 나날이 새로운 저작이 눈에 어지러울 지경이다. 그러나 한국문인이 일본을, 재일동포작가를 뺀 일본 문인이 한국을 작품으로 다룬 것은 드물다. 희소한 예가 있기는 있다. 가지야마 도시유키의『이조잔영李朝殘影』과『족보』를 들 수 있다. 전자는 조선조 궁중무용을 전승하려는 기생과 일본인 미술학도의 사랑을, 후자는 죽음으로 창씨개명을 거부한 친일 지주를 그린 중편이다. 서울서 태어나 경성중학과 수원농림고를 다닌 작가의 이력과 무관하지 않을 테다.

다치하라 마사아키의 자전自傳 장편소설『겨울의 추억으로』(후유노 가다미니)는, 부자 2대에 걸친 한일 혼혈아의 숙명을, 저자가 소년시대를 보낸 안동 봉정사를 중심으로 슬프게 펼친다. 교토대학 인도철학과 출신 선승禪僧인 아버지는 30중반에 자살하고, 일본인 어머니는 딴 남자를 보아 그를 버렸다. 일본인 소설가로 시종하면서 남긴 작품이 15권이다.

이노우에 야스시가 쓴『풍도風濤』는 몽고군에 짓밟힌 고려의 참상에 빗대어, 일본이 말하는 원구元寇의 생성과 소멸이 얼마나 억지스러웠던가를 보여준 점에서 각별하다.

소설은 아니로되 시바 료타로의「한국기행」과「탐라기행」은 역사의 시소를 타고 한일 양국의 어제 오늘이나 제주도 풍물을 바라보게 만든다.

둘 다 그의 거창한 세계기행문집『큰길을 가다』(가이도오 유쿠―43권)의 한 부분이다.「한국기행」은 이 시리즈의 2번을 달고 나왔는데, 도시에는 눈도 돌리지 않고 마을과 변방을 찾아 촌로들과의 대화를 즐긴 것이 특색이다. 그다운 탐방정신이다. 하지만 왜 '왜倭'인가

를 따지듯 기술하는 대목이 여러 차례 반복되는 데에서
도 짐작할 수 있듯이, 한국인의 일본 인식에 대한 불만
이 점잖게 깔려 있다.

그는 정유재란 때 끌려간 심수관 일가의 망향 4백 년
을 별도로 썼다. 제목을 시처럼 달았다. '고향 잊을 수
없네'(고쿄 와스레지가다쿠소로)라고.

공연한 자격지심인가. 쓸데없는 걱정을 많이 한 듯하
다. 언제는 세상의 작가들이 이웃나라를 의식하며 글을
쓴 것도 아니다. 그냥 자기 할 일을 할 따름이다. 계제
가 닿으면 문학인의 이름으로 연대하고 뜻을 모아 평화
의 목소리를 높이기도 한다. 지난 2005년 5월에 열린
'서울국제문학포럼'이 맞춤한 사례다. 그 집회에서 오
에 겐자브로가 보인, 일본헌법 9조 수호 의지가 기억에
남는다. 그에 대한 종래의 신뢰를 재확인시켰다.

그러나 일본에는 교과서 왜곡문제에 딴소리를 내는
전 문화청장관 미우라 슈몽 같은 작가도 있다. 그는 '교
과서개선연락협의회회장' 자격으로 낸 책 『역사·공민
전교과서를 검증하다』에서 후소샤 이외의 교과서를 모
조리 부정하고 나섰다. 자기 생각을 어떻게 펴든 상관

할 것 없다. 우리가 유념해야 할 것은 그런 세력들에 맞선 일본 내 소수 지식인의 힘든 선전善戰이다.

뿐인가. 대학에 한국어과는 더러 있어도 한국문학 전공은 아주 적다고 듣는다. 우리와는 정반대다. 정년퇴직한 오무라 마스오, 사에구사 도시가스 교수의, 앞으로 더할 고군분투가 안타깝다.

한국문학의 세계 진출도 우선 아시아를 딛고 나가는 게 순리 아닐까를 그래서 생각해본다. 문학은 스포츠가 아니므로 아시아 예선을 통과해야 월드컵을 바라보는 포즈를 취하기 어렵겠지만, 일단 유의할 필요는 있다고 믿는다.

마침 중국에서 활약하는 박명애 작가로부터, 그가 번역한 세 권짜리 책을 받았다. 『붉은 수수밭』을 쓴 중국 작가 모옌의 장편소설 『풍유비둔豊乳肥臀』(풍만한 젖가슴 살찐 엉덩이의 뜻이란다)이다. 일본소설 편식에 웬만큼 물린 터라서 무척 반가웠다. 그런데 또 객적은 노파심이 일었다. 우리 시와 소설은 베이징, 상하이, 칭다오 서점에 얼마나 꽂혀 있을까 염려한 것이다.

어쩌면 이 모두가 문학 본래의 명분으로 부질없다. 막판에 제가 한 말 제가 지우는 꼴이겠으나, 글장이는 필경 낭인浪人의 도저한 기질을 먹고 사는 존재다. 국경을 의식하되 그 속에 매몰되지 않고, 인간에 더 빠지는 상수를 두어 마땅하다.

그런 시각으로 일본을 대할 때 대하고 잊을 때 잊었으면 한다. 나는 그렇지 못했다. 진작 털고 흘려보냈어야 할 설익은 일본관을 그나마 자의적으로 콩팔칠팔 주워섬겼거늘, 차츰 돌이키려고 애쓴다. 역도산이나 미조라 히바리가 한국계라는 걸 내세워 자위하는 속 좁은 민족의식이 예컨대 구차스럽다. 그래서 어쨌단 말인가. 본인들의 철저한 무반응은 고사하고, 그런 혈통주의가 국내 외국인 노동자들에 대한 업신여김으로 번질지도 모르겠다는 예단을 접기 힘든 탓이다.

미조라 히바리에 대한 '국민가수' 칭호를 내려받듯이, 우리는 예술의 각 분야마다 그것을 또 퍼다 쓰고 있다. 나를 국민작가라 부르지 말라고 극구 사양한 시바료타로의 겸양이 무색할 노릇이다.

아무려나 한일간 문학 접촉은 갈수록 폭을 넓혀갈 터이다. 앞으로는 상대를 너무 많이 알아서 탈인 세대 대신, 필요한 만큼만 아는 세대가 대세를 이루리라. 그런 날들의 한일간 하늘은 서로 얼마나 멀고 바다는 얼마나

가까울까. 광복 60년을 몸으로 때우고 산 자의 넋두리
는 끝이 없다.

가까울까. 광복 60년을 몸으로 때우고 산 자의 넋두리
는 끝이 없다.

낯설음 · 이질화를 넘어
― 남북 언어분단에 대한 생각

1

일단 강퍅하게 읽힌다. 일부러 손보지 않은 구어체 문장을 날것으로 디미는 듯한 기세가 시종일관 단호하다……. 북한 당국이 발표하는 프로파간다류 문건을 언론에서 대할 때마다 느끼는 감정이다.

언문일치 화법의 내림으로는 말씨 또한 비슷하다. 거무숙숙 깐깐해 뵈는 사람들의 입에서 흘러나온 어감이 투박한 건 어쩔 수 없다. 북녘 사투리 본래의 울림이 워낙 그렇기도 하지만, 글귀나 입에 담는 말들의 토박이

화 경향이 상대적으로 짙어 더더욱 강하게 들릴 터이다. 유식할수록 관념어를 많이 쓰는 한국 사회와는 여기서 이미 어문의 흐름이나 운영이 판이하게 갈린다.

조직화된 이념사회의 경직 탓이 크달 수도 있겠으나 보통사람들끼리 허물없이 주고받는 일상어를 접할 길이 전혀 없는 상황에서, 매번 뜨악한 게 사실이다. 우리 신문·방송들이 인용·전달하는 북의 정치 메시지라든가 간헐적으로 재방영하는 TV프로그램 등을 통해 이제는 웬만큼 '세뇌'된 폭인데도 그렇다. 발표문은 너무 원색적이다. 억양이 유별난 무대용 공식 어투는 거꾸로 꾸밈이 심하다. 저런 음색들의 연원을 우리 말소리의 어느 지경에서 찾아야 좋을지 고개를 갸웃거리게 만든다.

그러나 지나치게 마음 쓸 필요 있으랴. 변화하는 문물의 겉과 속, 또는 현실의 앞과 뒤를 포괄적으로 반영하는 것이 말이라는 점을 재확인하는 것으로 족하다. 단지 헷갈릴 뿐이다. 말은 부리는 사람의 의도에 따라 표변하는 요물임을 이때 실감한다. 놓인 지역에 따라 운명이 엄청 바뀌는 수마저 있다. 이쪽에서는 영 힘을 못 쓰거나 폐기처분된 단어를 저쪽에서는 신주단지 위하듯 받들지 말란 법이 없는 것이다. 정반대의 지적 또한 가능하다.

화제를 남북관계에 국한시켰을 때, 사람 팔자가 시간문제라면 말 팔자는 그러므로 '남북문제'인 셈이다. 이러한 측면에서 남북간 언어의 이질화는 상당 부분 불가피하다고 생각한다. 같으면 되레 이상하다는 생각의 연장선상에서, 상대편은 상대편대로 당신들이야말로 사돈 남 말 하는 격이라며 역으로 치고 나오지 말란 법 없다.

일종의 '문화충격'으로까지 설명되는 이런 이질화 현상은 대충 1980년대 초부터 한국에서 먼저 논의되기 시작했다. 그전에도 더러 언급되지 않은 건 아니었으나 분단 40년을 바라보는 시점에서 좀 더 구체적으로 문제를 삼았다. 변화는 남북한이 다 마찬가지였으나 속도와 규모에 있어 북한말이 한층 엄청나다는 점에 이의가 없었다. 동시에 놀랐다. '조선어'의 그리도 심한 환골탈태에 모두 질겁했다.

북한은 1949년에 한글전용을 실시했다. 1966년 이후 '문화어운동'을 벌이면서 평양말을 표준삼아 고유어를 다듬었다. 이른바 어문혁명이었는데, 이 무렵부터 새

말을 마구 만들었다. 뿐만 아니라 ‘공산혁명과 사회주의 건설에 필요한 도구’로서의 언어정책에 입각하여 기존 단어의 의미까지 바꿔놓았다. ‘아버이’와 ‘동지’ 등이 대표적인 예다.

이희승 편저 『국어대사전』의 ‘동지’와 ‘어버이’는 만고의 상식대로 뜻풀이가 고작 한두 줄 뿐이다. 하지만 북한 사회과학원 및 언어학연구소가 공동편찬한 『현대조선말사전』은 듣던 대로 거창하다. ‘동지’의 경우, 『김일성저작선집』에서 인용한 동지 개념을 고딕체 활자로 맨 먼저 제시했다. “수령 김일성 동지의 불후의 고전적 로작들과 당 문헌에 나오는 말마디들을 빠짐없이(사전에) 올리기 위하여 힘쓴 때문”이라고 ‘일러두기’에서 애초에 밝힌 대로다. 그런 다음 긴 해석을 나열하는데, “존경과 흠모의 정을 나타내는 말”이라는 마지막 설명이 특히 눈에 설다.

‘어버이’에 대한 설명 역시 비슷하다. “아버지와 어머니를 아울러 이르는 말”이라는 첫 번째 설명은 누구나 알 만하다. 두 번째 풀이가 이채롭다.

“인민대중에게 가장 고귀한 정치적 생명을 안겨주시고 친부모도 미치지 못할 뜨거운 사랑과 두터운 배려를

베풀어주시는 분을 끝없이 흠모하는 마음으로 친근하게 높이여 이르는 말."

'동지'와 '어버이' 본래의 낱말풀이는 짧고, 고귀한 언어로 바뀐 용례用例는 길다. 그 까닭이 어디 있는가를 지금은 웬만큼 짐작하게 되었다. 우리네 정치판에서는 '동지'를 예사로 입에 올린다. '어버이'라고 별난가. 그냥 '부모'일 따름이다. 이런 말들이 그쪽에서는 한정된 영도자에게만 헌상하는 존칭으로 쓰이는데, 사전에 오른 '말마디' 중에는 그밖에도 해석을 달리하는 보통명사가 실로 많다.

문화관광부 국어연구소의 북한어 연구팀이 1988년 밝힌 바에 따르면, 『현대조선말사전』(북한 과학사전출판사 발행, 1981년판)에 실린 북한 낱말의 38%가 알아듣기 힘들다고 했다. 이희승의 『국어대사전』과 비교 검토한 끝에 내린 결론이다. 13만 단어를 수록한 『현대조선말사전』에는, 42만 단어가 실린 『국어대사전』에는 없는 5만여 개의 낱말이 나와 있었다. 대부분이 말 다듬기 작업을 마친 고유어와, 체제나 사상에 적합한 말을 찾아 새로 만든 것이었다. 예컨대, '미리살이'(미리 마련해둔 살림살이), '바라오르다'(가파른 곳을 기어오르

다), ‘까드라지다’(빳빳하게 되면서 오그라지다) 등의
순우리말과, ‘비밀작가’ ‘정치상학’ ‘업간체조’ 따위 한
자 조어였다.

흐르는 세월 따라 변하게 마련인 것이 언어의 운명이
기는 해도, 동일 민족끼리 의사소통에 지장을 줄 만큼
차이가 나려면 오백 년 천 년이 걸릴 정도로 까마득하
다고 한다. 그런데 분단 반세기를 조금 지난 단계에서
무슨 뜻인지 가늠하기 힘든 말이 이미 40%에 가까웠다.

2

인위적으로 만들어 낸 말이 더구나 주체사상의 물결
을 타고 양산되었다. 하다보니 좀 전에 애기한 ‘동지’
‘어버이’류 동어이의同語異義가 줄지어 나왔다. 보기를
든다.

민족주의 : ① 부르죠아사회에서 착취계급의 리익을 민
족 전체의 리익인 듯이 속이면서 다른 민족을 침해하고 민
족들 사이의 대립과 반목을 조장하는 반동적인 사상 ② 식
민지 예속국가에서 로동계급이 혁명의 령도권을 잡기 전

에 선각자들이 들고 나온 애국적이며 진보적인 민족해방 사상과 그 주장…(이하 생략)….

백만장자 : 착취사회에서 근로인민을 가혹하게 착취하여 굉장히 많은 재산을 긁어모으기 위하여 갖은 책동을 다 하는 자본가놈.

앞에서 언급한 대로 평양지역 말을 표준어로 삼았을망정, 표준어 대신 '문화어'라고 부르는 점이 흥미롭다. '로동계급의 계급적 지향과 생활감정에 맞게 혁명적으로 세련되고 문화적으로 가꾸어진 언어'를 곧 문화어로 규정한 것이다. 이 문화어에는 또 몇 가지 특징이 있다. 한자어는 한글 고유어로 바꾸고, 마땅한 고유어가 없으면 뜻을 풀어서 쓴다. '들어온 말'로 바꿔 표기하는 외래어도 토박이 고유어로 옷을 갈아입혔다.

통일연수원이 1995년 가을 펴낸 『달라진 남북의 언어』에서도 서로 다른 남북 언어가 5만여 개에 이른다고 했는데, 예를 든 북한말 가운데에는 이질 여부를 따지기 전에 어쩌면 이렇게 철저히 '주체'를 세우는가 싶은 낱말들이 숱하다. 외래어에 대응할 새 말 만들기에 어지간히 안간힘 쓰는 모습이 역력하다.

주머니종(삐삐), 직승비행기(헬리콥터), 손기척(노크), 손넘기(네트 오버), 가락지빵(도너츠), 노래묶음춤(버라이어티쇼), 기둥선수(스타플레이어), 살림집(아파트) 등을 들 수 있는데, 그렇다고 외래어를 사전에서 완전히 밀어내지는 않는다. 노크와 손기척이 가나다순을 따라 각각 실려 있기도 하고, '행가래' 같은 단어는 조선말로 다듬는 일 없이 곧바로 뜻풀이를 해놓았다.

남북회담 대표들이 서울-평양을 오가는 동안 애깃거리로 떠올랐던 말들은 어느덧 빛바랜 회고조로 굳어진 감이 있다. 처음 평양에 갔던 기자들이 맨 먼저 발견하고 호들갑에 가까운 놀라움으로 써 보낸 것이 무어였나. '얼음보숭이' '남새상점' 등등의 생활어였다. 하지만 이런 희한한 말들에 대한 경악은 남북 접촉이 잦아지면서 국민들의 눈과 귀를 차라리 재미있게 사로잡았다. 이어지는 '밥공장' '밥곽' '별따기' '빈손 퇴치' '군중관점' '오호담당' 따위 말들이 오랫동안 바깥세상과 빗장을 지르고 살던 인민생활의 일단을 엿보게 하는 키워드 구실을 했다. 말이 말을 만들면서 삶의 한 모서리를 노출시켰다.

그렇담 '군중관점'은 무엇이고 '오호담당'은 또 무슨

소리였던가. 뒤늦은 궁금증이 고개를 쳐들었다. 처음 것은 '혁명적 군중관점'의 약어로 대중 영도에 관한 혁명적 사상관점이란 뜻이다. 두 번째 것 역시 '오호담당 선전원'의 준말이다. 이웃 살림집을 댓집씩 맡아 일상적으로 당 정책을 설명해주는 선전원의 의미라고 사전에 나와 있다.

남이나 북이나, 그리고 현대사회는 어디서나 약칭을 많이 쓰는데 북한이라고 다를 바 없다. 국영백화점을 '국백'으로 줄여 부르는 것도 같은 이치다. 아주 특출한 예로는 'ㅌ ㄷ'(타도 제국주의동맹의 준말)을 들 수 있다. 타도제국주의동맹은 김일성이 만주 화성의숙에 다닐 때인 1926년 10월에 만든 최초의 공산주의혁명조직이라고 한다. 북한은 이 'ㅌ ㄷ'(티읕 디귿)을 노동당의 전신으로 자리매김하여 5년마다 거창한 행사를 벌인다.

남북회담 때 서울을 찾은 북쪽 대표들 또한 의제 외의 여러 가지 생소한 풍물을 놀라움과 함께 경험하지 않았다면 거짓말일 게다. 화제로 띄울 소재가 많았을 것이로되, 제일 먼저 흠을 잡기로는 거리에 흘러넘치는 외래어 간판이 안성맞춤이었을지 모른다. 웬 꼬부랑 글씨 홍수가 이리도 요란스러우냐고, '주체나라' 손님다운 의문을 제시했다. 우리 내부에서도 항상 시빗거리로 등장했던 일인데, 막상 지적을 당하고 보면 대답이 궁해진다. 개방과 폐쇄의 차이를 내세울밖에 없었다.

그러나 그 당시는 약과다. 영어가 주조를 이루던 외래어 범람은 프랑스어, 이탈리아어, 스페인어를 가릴 겨를 없이 차츰 갈래를 넓히면서 다국적화 코스를 현란하게 열어나갔다. 덩달아 아이엠에프가 ‘대도무문’의 길을 트라고 우격다짐으로 ‘손기척’을 해대는 바람에 마침 훤히 트인 세계화 기세에 눌린 민족어는 주눅이 들대로 든 채 고샅을 헤맬 판이다. 그러한 조류가 어디까지 왔느냐 하면 다음과 같이 왔다. 서울대 국어교육연구소가 95~96 2년간 서울대 교수 97명의 강의를 녹취하여, 외국어 및 외래어 사용 실태를 조사한 결과니까 틀림없다.

“생존이란 개념보다는 더 퀄리티 오브 라이프라는 개념과 동시에 그 문화생활도 엔조이하는 생활이 아니라……”

“뭐라고 정의 내리느냐 하면, 투 비 디스 카인드 투 비 솔드 매매 대상으로 운명지어진 것이 머천다이스 상품이라고 한다."

"히팅을 한 다음에 소킹을 합니다. 쿨링을 할 때에는 주로 슬로 쿨링을 합니다."

"디옥실 리보오즈가 있죠. 이것은 알엔에이 구조인데……"

'정확하게'는 '이그젝트하게'로, '효과'는 '이펙트'로, '파동'은 '웨이브'로, '단위'는 '유닛'으로 '세포'는 '셀'로 고쳐 불렀다.

한국어 사이사이에 외국어가 끼는 것이 아니라 외국어와 외국어 사이에서 한국어는 겨우 토씨로나 명맥을 유지한 꼴이다. 물론 우리말로는 적절히 표현할 용어가 없는 경우도 있을 터이다. 그럴 때의 외래어는 의미 외래어가 아니겠지만, 문제는 이와 같은 타성에 무감각한 자세다. 어지간한 유식층도 자기 귀를 의심하기 알맞다.

다른 한편에 여전히 걷어내지 못한 일본어 앙금이 있다. 한국땅이름학회에 따르면 서울시내 470여 개동 가운데 31.1%에 해당하는 146개 동이 일본식 이름이다. 금호동의 원래 이름은 무수막水鐵이요, 남가좌동은 모래

내다. 후암동은 두텁바위요, 종로 4가는 배오개梨峴였다. 모두 일본식으로 바뀌었거늘 언제 제 이름을 찾아갈지 기약이 없다.

'아직도'로 시작되는, 고쳐야 할 말을 품고 사는 분야는 이 밖에도 무수하다. 하도 어렵다는 투정이 잇따라 자주 고친다고 고쳤기 때문에 사정이 적잖이 나아졌을망정 행정·사법기관에서 쓰는 용어들은 여전히 갈 길이 멀다. 전두환 씨의 구속영장은 3천 5백 음절(글자) 8백 어절의 한 문장으로 이루어졌다는 장재성(문장연구소 대표) 씨의 지적이 있었다. 노태우 씨의 공소장은 더 긴 데도 신문 두 장 분량이 온통 한 문장이었다. 확립된 관례가 그런 걸 어쩌란 말이냐는 항변이 들리는 것 같다. 그에 앞서 법조계나 관료사회의 이상한 엘리트 의식이 우리말에 대한 훈련 부족을 부끄러워하지 않게 만드는 것이 아닌가를 생각해본다.

또 있다. 외국인 회사에 다니거나 수출입 관련 기업체의 외인 접촉 사원들이 서양식 이름을 하나씩 갖는 풍조는 어떤가. 마릴린 최, 제임스 박, 제시카 정 식으로 부르고 불리는 제2의 창씨개명을 옆에서 무어라고 개입할 건 없다. 세계화에 쫓기고 수출을 다투지 않으면 안 될 형편이다. 홍콩, 대만, 싱가포르에서도 다들 그런다는데 우리라고……의 각오일 것이다. 하지만 중국인은 지독하게 자기 것을 지킨다. 탁월한 상술의 자신 위에 서양 이름을 형식적으로 얹는 능청이 자연스럽다고 한다. 일본인도 장사 때문에 제 이름을 쉬 바꾸지 않는다. 자기 나라에서나 미국 지사에서나 나카무라상은 끝내 나카무라상으로 통한다. 그러고도 장사만 잘한다. 거기 대면 우리는 ……을 말해야 할 판인데, '호랑이에게 물려가도 정신만 차리라'는 상투적 경인구驚人句나 던지고 스스로 말막음하는 것이 속편하겠다.

3

　한중수교가 머잖던 어느 해 겨울로 기억한다. 미리 연변 조선족 마을을 찾아간 방송국 취재팀 카메라에 비친 영상 속으로 정신없이 빨려들었다. 아 이게 얼마 만인가. 아 저 사람들이구나. 안수길의 『북간도』에서 읽은, 아니 남부여대하고 두만강을 건넌 일제시대 동포들이 저렇게 살아남았구나 싶어 텔레비전 앞으로 바짝 다가앉았다. 객쩍게 시큰거리는 콧등을 속절없이 훔치면서.

먼 남한땅 손님을 대접하기 위해 한 아낙이 마당에 묻은 독에서 김장김치를 꺼낼 때는 주책없이 꿀꺽 군침을 삼켰다. '바로 저 맛이야!' 소리가 절로 나올 뻔했다. 미지의 아주머니 입에서 새나온 조선말의 반가움이 더 컸다. 대뜸 튀어나온 '니북 사투리'가 뜬금없기는 했으나 몹시 순박하게 들렸다.

마침내 국교가 트인 다음부터 한국에서는 너도나도 백두산을 찾아나섰다. 관광객이라는 이름으로 성지순례하듯 길을 떠났는데, 이들이 그때 본 것은 백두산만이 아니다. 연변을 비롯하여 동포들의 생활 속에 녹아 있는 민족 고유의 풍물들을 대하고 흐뭇해했다. 자신들이 오래 잊고 살았거나 사려 깊지 못하게 함부로 내친 것들을 다시 보며 잃어버린 고향냄새마저 맡았다.

인두겁을 쓴 사기꾼들의 그 뒤 행패는 오늘의 주제와 비켜서 있어 다른 날로 미룬다 치자. 하여간 중국 조선족의 내 것 지키기는 그제나 이제나 그렇게 대견하거늘, 그중에서도 특기할 것이 조선어 순결화 노력이다.

연변에 처음 간 한국인들은 가는 곳마다 눈에 띈 한글 간판에 모두 놀라지 않을 수 없었다. 간판은 그러나 가시적이다. 1954년부터 조선어가 그곳 공용어로 지정

된 이래, 우리 언문을 지키고 가꾸려는 노력은 주변 여
건이 어려운 만큼 치열하고 지속적이었다.

"조선말은 평양을 따라야 한다"는 1962년 6월 주은래
총리의 지시가 아니더라도, 북한 어문정책의 영향이 크
다고 했다. 그러나 막상 그쪽 동포들과 대화를 하다보
면 북한과는 또 다르다는 것을 느낀다.

지극히 사소한 예를 가지고 크게 포장한다는 지청구
를 무릅쓰고 회상하건대, 신문에서 주워들은 어떤 에피
소드도 있다. 1992년이던가. 연변 조선족 자치주 40돌
축전에서 전철수 자치주장이 발표한 특별담화문에 나
오는 구절이다.

"천하의 견식 있는 인사들이 연변을 도와 나서고, 연
변에서 큰돈을 벌며 큰일을 해제치는 것을 진심으로 희
망한다."

'천하의 견식 있는 인사'가 대륙풍을 느끼게 한다.
'해제치다'는 북한 어조를 닮았다. 이 글의 서두에서 밝
힌 꾸밈이 없는 직접화법을 연상시킨다.

이렇게 생각을 펼쳐가노라면 큰 덩어리로서의 남북
언어이질화 외에, 이 나라 저 나라에 흩어져 사는 교포
들의 작은 이질화 가능성을 또 상상할 수 있다. 언젠가

45년 만에 처음으로 고국 땅을 밟은 연변 사회과학원 언어연구소장(김기종)의, 아래와 같은 호소는 그러므로 듣기에 매우 안타깝다.

"남북통일이 당장 어렵다면 남북 학자들이 모여 언어통일만이라도 이뤄내어, 우리 말글을 지키고 가꾸려는 중국 동포들의 힘겨운 노력을 뒷받침해주길 바랍니다."

타슈켄트에서, 우즈베키스탄에서 이러한 호소는 끊임없이 나온다.

뿐만 아니라 호된 비판을 서슴지 않는 경우도 있다. 중국 교포3세 작가 김재국 씨가 쓴『한국은 없다』는 '가슴 시린 조국 체험'이라는 부제副題가 말하듯이 한국에서 직접 겪은 일들을 묶은 것이다.

그는 '신토불이身土不二'나 '일석이조一石二鳥' 같은 말을 중국사람 더러 해석하라면 난감해할 것이라고 했다. 그런 말이 없기 때문이란다. 한국의 대학원에 유학중인 중국 여학생(교포가 아닌)이 한국 학생 모두가 합격한 한문시험에 F학점을 맞은 예도 들었다. 중국에서는 학자들이 고문을 대부분 현대어로 번역해놓았으므로 고문이나 역사를 전공하지 않은 학생은 원문을 보느라 굳이 시간을 허비할 필요가 없다는 것이다.

한국의 한문 숭상에 대한 저자의 비판은, 세계에서 한국의 욕이 가장 발달할 수밖에 없는 까닭을 설명하는 대목에서 절정을 이룬다. 한자로 된 말은 거의가 점잖고 유식한 표현을 나타내는 반면 한글로 된 말은 상스럽고 천한 뜻을 나타내는 경우가 많은 예의 하나로 음경·음부를 들었다. '음경이나 먹어라' 하면 욕이 안 되고 'ㅂ'이나 'ㅈ'은 욕이 되는데, 그것은 한자를 성스럽게 받들어 모시는 내력과 직결된다. 한자가 한글을 그만큼 속되게 만든 탓이라고 못 박았다.

북한에서 '양미간兩眉間'을 '두 눈썹 사이'로, '식도食道'를 '밥길'로 고쳤다는 말에 한국 사람들이 어처구니없다고 킬킬 웃는 걸 언짢아하면서, 한국 학자들은 그처럼 자존 있는 노력과 자세를 보여준 적이 있는지 반문하기도 한다.

익숙해질수록 편한 것 중엔 말 이상 가는 게 아마 없을 것이다. 처음 듣는 말은 낯설고 노상 듣는 말은 친근하게 다가오기 마련이다. 이해하려는 노력은 뒷전이고 생래적 거부감부터 느끼는 수도 있다. 하물며 단절의 동안이 무려 반세기를 훨씬 넘기 때문에, 두 말이 서로 어디 갔다 이제 왔느냐는 투로 흐르는 물처럼 단박에 합수合水 용해되기는 어렵다. 그러기에는 '호상간'에 서먹하여 낯가림부터 할 공산이 큰 탓이다. 따라서 앞으로는 낯설음이 곧 이질화는 아니라는 생각을 굳히고 이질화 현상을 지나치게 강조한 측면은 없는지 냉정히 검증할 필요가 있다.

따지고 보면 우리말의 문법구조 자체는 남북 사이에 기본적으로 같다. 세상에는 1국가 2언어, 3언어가 수두룩한 터에, 아니 할 말로 우리는 중간에 통역을 세우고 대화할 처지는 아니잖은가. 덕택에 소설이면 소설, 시면 시에 써먹을 어휘가 무진장 풍부해졌다는 적극적 사고를 편대서 나쁠 것이 없다.

하여 얼마 전에 읽은 북한의 소설 문장 한 토막을 소한消閑 삼아 옮긴다.

직업부터는 녀인의 설분 감정의 분출로 하여 쓰지 못했다. 그러나 정진우 판사는 녀인의 직업을 잘 안다. 도 예술단의 성악배우, 중음가수이다. 몇 달에 한 번 정도는 극장 출입을 하는 그는 이 중음가수의 노래를 듣기 좋아했다. 넓은 강물 같은 성량과 부드러운 서정으로 관중을 선율의 세계에 끌어들일 줄 아는 가수였다.

비둘기떼가 일시에 날아오르는 듯 열렬한 박수와 꽃묶음을 받군 하던 녀인은 관중이 모르는 가정적 뒤생활을 재판소에 가지고 왔다. 무슨 사연일까? 부부간의 어떤 생리적·육체적 부족점 …(중략)… 아니, 이 녀인에게는 아들이 있다.

서울에서 복제 출간된 북한 현역작가 백남룡의 중편소설 「벗」의 첫 부분이다. 1988년 「생명」이라는 단편을 함께 묶어 북한에서 나온 단행본으로 그해의 베스트셀러였다고 한다. 정진우 판사가 '녀인'을 앞에 앉혀놓고 주소 성명 등을 법률상담건에 적은 다음, 속으로 혼자 생각하는 장면이다. 분풀이라는 뜻의 한자어 '설분雪憤'이 좀 의외일 뿐 술술 읽힌다. '중음가수'의 '중'은 가운데 중자다(북한에서는 성음을 고음, 중음, 저음으로 나눈다).

여담이지만 나는 한국전쟁 전에 월북한 작가들의 북행 이전 이후 문장 변화를 엉터리 눈어림으로 쬐끔 비교해본 적이 있다. 일례로 박태원의 「갑오농민전쟁」은 「천변풍경」의 능란한 문투와 거기서 거기라는 인상이 짙었다. 그렇게 생각한 탓이겠지 여기고, 실명 후 북의

아내에게 구술한 역사소설인 까닭도 있겠지 넘겨짚기
도 했으나 대체로 그랬다. 한 작가의 본래 글투로 미루
어 다르면 얼마나 다르고 동떨어지면 얼마나 동떨어지
랴, 하는 말이 하고 싶어 덧붙인 군소리로 들린들 상관
없다.

4

남북 '언어통일'의 과정이나 합의단계가 어찌 간단할
것인가. 수월하지 않을 테다. 예전에 일본 NHK방송이
우리말 강좌를 내보내기로 했을 때도 프로그램 명칭문
제로 한동안 실랑이를 벌인 적이 있다. '한국어'로 하느
냐 '조선어'로 하느냐를 두고 여러 해 동안 결정을 못하
다가, 결국 '안녕하세요'로 낙착되었다.

독일의 예도 있다. 통일 후 동독시민들이 2~3천에
달하는 새로운 용어를 익히느라 진땀을 빼는 데 비해,
서독인들이 동독말을 받아들인 예는 10여 가지에 지나
지 않는다고 한다. 같은 물건을 두고 동서독의 말이 다
를 경우에도 거의 서독 것으로 '흡수통일'되었다. 가령
슈퍼마켓을 가리키는 동독의 '카우프랄레'는, 서독서

쓰던 '주퍼마르크트'로 단일화했다. 게다가 동독에는 없던 소득세신고, 경매, 파산 따위 자본주의사회의 여러 가지 금융관계 용어를 외우기 바쁜 모양이다. 그러나 시간이 지나면 자연히 해소될 문제들이 아닌가. 부러운 잔투정으로 들린다.

말이라는 것이 그렇다. 어렵다고 생각하면 한이 없다. 허나 어렵다고 이질적인 것을 그대로 놔둘 수는 없는 노릇이다. 국립국어연구원에서 만든『표준국어대사전』에는 북한 쪽 용어가 이미 많다. 남북 국어학자나 정책입안자들끼리 해외에서 만나 한글 로마자 표기안에 합의한 전례를 딛고, 이제는 남북을 아우르는『겨레말 큰 사전』 만들기에 착수했다. 틀어지고 갈라서기만 하던 사람들을 맺어주는 것(말)도 있다는 희망의 씨앗을 보게 된 것이다. '말이 씨 된다는' 전래 속담은 반드시 마뜩찮은 장래를 상정하지 않는다. 좋은 결과를 내다보는 말로도 의미를 지닌다고 믿는다. 남북간에 언어가 도단道斷되어서는 안 되니까.

문학과 언어와 땅[*]

『열대문화』 제7호를 받는 순간 황운헌 형의 사람 좋은 웃음을 떠올렸다. 그리고 미안하다. 큰 덩치에 비해 감성이 무척 여린 시인, 하면서도 자기 단속의 고집이 황소 같은 사나이도 벌써 환갑인가. 헤어진 지 20년이 넘는지 모자라는지도 까먹은 세월인데, 생래의 끼를 버리지 못하고 브라질에서도 그곳 문우들과 작품집을 엮으면서 내 알량한 글쪼가리를 보내달라고 했다. 그 부탁을 받은 지가 언젠데⋯⋯.

<hr>

* 이 글은 브라질의 한인 문학지 『열대문화』(8호)에 십수 년 전 게재되었던 것이다. 황운헌黃雲軒 시인은 필자와 함께 민국일보 문화부에서 일하다가 그곳으로 이민을 떠났다. 얼마 전 현지에서 작고했다고 들었다.

같은 신문사의 '쟁이'질을 하면서 광화문의 '열차집' 막걸리에 취해 몽롱한 정서를 '보레로bolero'나 '세르팡 serpent' 다방의 입가심 자리에선 벨라폰테의 '마틸다' '바나나 보트송'으로 풀었다. 그런 시간을 더듬으며 오랫동안의 무심한 내 형태를 자괴하지 않을 수 없었다. 문학이라든가 문화는 사람이 어디에 살든 소극적으로 한 개인사個人史를 지탱하고 적극적으로는 생활의 근원을 인간의 이름으로 묻는 것이라는 걸 새삼 확인했다. 인쇄 사정이 좋지 않은 듯 지면에 박힌 활자가 선명치 못한 『열대문화』를 읽으면서 오히려 그런 의식을 뜨겁게 전달받았다.

자신이 태어난 고장이나 땅을 멀리 떠나 사는 이들의 감정과 정서를 나는 자세히 모른다. '교포'라는 말 자체가 갖는 이상한 절연絶緣 분위기에도 익수치 못하기 때문에 막연한 상상이나 단편적인 정보에 의지하여 그걸 유추하는 건 잘못이라고 믿는다. 다만 파악하고자 하는 추단推斷의 근거는 문자를 통한 표현의 성과이다. 내 직업이 그런 탓도 있겠지만 결국 바깥으로 드러나는 진실이 그만큼 확실하다는 처지에 선다. 문학은 특히 그렇다.

이런 전제를 세우고 보면 나름대로 해볼 이야기가 조금은 있다. 이때 맨 처음 꼽아야 할 그 방면 인물이 강용흘(姜鏞訖. 1898~1972)과 이미륵(본명 李儀景. 1899~1950)이다. 두 사람은 여러 가지 점에서 아주 닮았다. 강용흘은 이미륵보다 오래 살았지만 둘의 생년은 한 살 차이에 불과하다. 한 사람은 미국으로 떠나고 또 한 사람은 독일에 정착했을망정. 고국을 떠난 시기도 비슷하고 최초에 한 공부가 의학이었다는 것도 우연 치고는 너무 흡사하다. 더욱 희한한 것은 전자와 후자의 문학 활동이 똑같은 해에 시작되었다는 사실이다. 강용흘이 장편소설 『초당』(草堂. Grass Roof)을 쓴 게 1931년이었는데, 이미륵이 처녀작 『하늘의 천사』를 쓴 것도 같은 해였다. 어디까지나 우연에 불과하다. 함경남도 홍원과 황해도 해주 태생인 양자의 보다 분명한 시각과 위치는 그들의 대표작인 『초당』과 『압록강은 흐른다』에서 찾는 것이 온당하다. 우리나라 고유의 정서랄까 풍습을 극명하게 묘사한 내용으로 그들은 또 한 번 작가의식의 병렬併列을 나타내는 것이다. 『초당』은 그 후 10여 개 국어로 번역되는 성공을 거두어 구겐하임상을 받았다. 『압록강은 흐른다』 역시 영어로 번역된 외에 독일 고등학교 교과서에 일부가 실리는 영예를 얻었는데, 그걸 서양의 동양에 대한 호기심 차원에서만 평가할 것인가. 그건 결코 아니라고 생각한다. 있으면 또 어떤가. 그만한 관심을 충족시키고도 남을 문학적인 검증을 거쳤으면 됐다.

당연한 일이지만 두 작가는 또 영어와 독일어로 각각 작품을 썼다. 그래서 국내 평론가들은 그들의 소설을 일단 학국문학사에서는 제쳐놓는 데 합의하고 있다. 이때의 기준은 단순하다. 모국어로 쓴 작품이 아니라는 기준 때문인데 그것은 이차적인 문제다. 우선 작가 자신의 자질과 독특한 보편성 획득이 중요하다. 한국문학의 영역을 넓힌 공덕을 취하지 말란 법이 없다.

더구나 그들은 모국어 아닌 다른 나라의 말로 자기 생각을 표출해야 하는 이중의 어려움을 극복했다.

이들보다 한 세대 아래인 김용익金溶益 씨도 그 같은 견해를 일찍이 밝혔다. 데뷔작 「꽃신」으로 미국에서 성망聲望을 높인 그는 서울에 다니러왔을 때 가진 나와의 인터뷰에서 이런 말을 했다.

"내가 처음 미국에 간 것이 48년이었는데, 내가 간 플로리다에는 동양사람이 거의 없었습니다. 고독하다든가 향수의 표현으로 썼지요. 발표하고 싶은 욕심이 생기는데 한국말로는 발표할 길도 없고 해서 미국 문예지에 내게 되었습니다. 남들은 박사학위를 하지만 나는 단편하나 남기고 이 나라를 떠나겠다는 생각으로 했습니다. 영어로 소설을 쓰는 데 있어 저항감도 많았지요. 영어는 어디까지나 미국에 알맞은 말이고 한국 얘기를 쓰는 데는 한국어가 적합합니다. 에스키모가 얼음이나 눈을 표현하는데 열다섯 내지 스무 가지의 표현이 있고, 남태평양 사람들이 모래나 파도를 그리는 데에도 여러 가지 말이 있다고 들었습니다. 따라서 우리나라 얘기를 하는 데는 한국말이 최고지요. 영어는 불편합니다.”

이를테면 우리나라에서는 방바닥이 싸늘하다면 될 일도, 미국에서는 온돌이라는 개념이 없으니까 구들이나 아궁이 구조부터 설명해야 한다. ‘집으로 들어간다’고 할 때도 우리는 문간에만 들어가도 들어갔다는 표현이 가능하지만, 서양서는 집으로 들어갔다가 아니라 방으로 들어갔다는 표현이 더 알맞다고 한다. 역으로 한국의 집 구조는 응접실이라는 게 없기 때문에 ‘그 남자가 그 여자 방에 들어갔다.' 하면 아주 가까운 사이가 되어버려 글의 뉘앙스가 달라진다고 말했다.

뿐만이 아니다. 우리말은 의성어나 의태어가 지극히 민감한 까닭에 물 흐르는 소리만 하더라도 수없이 많다. 졸졸, 줄줄, 잘잘, 쫄쫄, 콸콸, 퀄퀄 등 가지가지다. 하지만 영어에서는 그것이 불가능하다. 그러므로 김용익 씨는 「꽃신」을 쓰면서도 도리 없이 가외의 우리말을 끼워넣을 수밖에 없었다고 설명했다.

같은 '교포작가'라도 일본에서의 상황은 또 다르다. 그들도 일본어라는 외국어로 작품을 쓰기는 마찬가지지만, 한일 두 나라의 역사적 맥락이라든가 동양인의 생활방식을 어느 수준에서는 공유하고 있다는 점 등으로 미루어 구미 쪽보다는 덜 생소하다. 일본어를 이해하는 계층이 국내에도 적지 않고, 한때는 불행히도 일본의 세례를 거친 서양문물에 젖었던 탓으로 일군의 재일 작가들이 쓴 작품을 우리는 쉽게 접할 수 있다. 그러나 소설이면 소설, 시면 시로서의 틀이라든가 모양새가 익숙할 따름이지 내용면에서 여느 해외 동포작가들의 그것과 판이하다. 앞에서 잠깐 살펴본 구미 쪽 작품들의 서술에 비해 피해자로서의 좌절과 극복 과정이 두드러졌다.

그런가 하면 조국 분단의 현실을 타국에서 되레 첨예하게 경험하는 양상이 국내 작가와는 또 달리 치열했다. 작품마다 그런 이야기가 적지 않다. 징용 등으로 끌려갔다가 주저앉은 사람들이 서서히 사라지고 그곳에서 태어난 후손들이 주축을 이루는 마당이라 작가 이회성李恢成 씨의 선언적 발상이 더욱 절절하게 들린다.

"우리들은 일본에 살며 눈을 조국에서 떼지 않는 반면, 본국 사람들과는 달리 일본에 있다는 사실을 분명히 인식하고 싶습니다. 경계선상에 서 있는 것이 확실하지만, 역시 분단시대를 살고 있는 조선민족의 슬픔을 나누어 갖는다는 발상으로 말이죠, 이런 인식을 지니지 않는 한 우리는 일본에 동화하거나 귀화할 길 밖에 없습니다. …… 따라서 '재일하고 있는 우리'는 자신들의 문화를 가져야 합니다. 본국에 있는 분들이 지닌 민족문화를 흡수하지 않으면 안 되지만, 그걸 곧이곧대로 옮겨 놓으면 일본서는 뿌리 내리기 어렵다고 봅니다. 민족적 재일문화를 만드는 일이 지난한 작업이기는 해도, 그 일을 하지 않으면 우리의 존재근거가 약해질 수밖에 없습니다."

요컨대 그들이 어떤 생각으로 작품을 쓰고 대하든 간에, 내외 작가들의 영역이 그만큼 확대되었다는 인식은 확실해졌다고 믿는다. 어느 나라 언어로 쓰는가도 굳이 따질 게 못될 것 같다. 한국인의 시점視點에서 출발하거나 돌아오는 과정 이상으로 중요한 소재 확대 덕목이 크다.

그런 의미에서 연변의 소설가 김학철金學鐵 옹은 참으로 대단한 '영토'를 개척한 분이다. 그의 자전소설이나 다름없는 『격정시대』는 한국의 근대사에 빠진 부분을 재생시켰다는 측면에서, 또는 전혀 미지의 세계였던 중국의 우리 작가들에게 시선을 돌리게 하는 계기를 마련해주었다는 각도에서 특이하다. 비단 김학철 옹만이 아니라, 그쪽 문학인들은 우리가 오랫동안 잊고 살던 토속어나 풍습을 고스란히 온존溫存하고 있어 반가웠다. 김 옹은 그걸 자랑스럽게 여기면서도 한족韓族 문화 속에 떠 있는 한 개 고도로 밖에 살 수 없는 연변 자치주의 현실을 안타까워했다.

스스로는 어쩔 수 없이 중국 국적을 가졌으면서도 민족 전통을 지키려는 현지 동포들의 노력이 아주 '결사적'이라는 표현이 얼마나 당찬지 놀라울 지경이었다.

이와 가까운 안목으로 새롭게 부모의 나라를 재발견하는 예술가들이 러시에도 있다. 그들 가운데서도 소설가 아나톨리 김金의 술회는 공감의 울림을 아프게 자극한다. 서울서 열렸던 '한민족韓民族 체전'에 러시아 대표단의 일원으로 난생처음 고국을 찾았을 때의 그는 기쁨과 불안과 갈등을 동시에 느꼈다. 어떤 대학교수로부터 당신의 문학은 완전히 러시아 문화의 소산인지라 한국문화와는 아무런 관련이 없다는 말을 듣고 조금도 서운하거나 언짢지 않았다고 했다. 자기는 당당한 러시아 작가라는 자긍심이 있었기 때문이었다. 하지만 그 순간 그의 가슴속에는 불안감이 싹트기 시작했다. 나는 한국인이냐 러시아인이냐는 근원적인 자문自問에 직면했던 것이다. 러시아로 다시 돌아간 후에야 서울의 친지한테서 받은 한 통의 편지를 통해 자신이 김시습金時習의 후손이라는 사실을 알았다. 한없이 기뻤다고 한다.

나에게 있어 글을 쓴다는 것은 삶의 수단이지만, 삶 그 자체는 후에 그 삶이 끝났을 때 그 삶에 대해 내려지는 평가보다 비교할 수 없을 만큼 중요하다. …(중략)… 가장 소중하고 부드러운 것, 가장 심오하고 영적인 것, 가장 진

실되고 지속적인 것은 한 인간에게 민족적인 기원과 연관
되어 있는 법이다.

―『동아일보』, 1990년 2월 3일자

일찍 소련땅에 이식移植된 선대의 몸에서 태어난 까닭
에 한국말 한 마디 못하고 러시아어로 작품을 써서 대
성했을지언정 '어디서 산들 뿌리야 변하랴'는 감정은
우리 모두의 것이라고 말했다. 강제이주의 설움이 복받
치면 춤으로 달랜다는 그는, 자신을 키워준 러시아를
'관용적이고 인간을 사랑하는 위대한 나라'로 칭송한
다. 그런 한편으로 조상들의 문화를 끈질기게 지키며
'머나먼 조국에 대한 사랑이 지금도 뜨겁다'고 술회한
다.

이런 윤회輪廻 현실과 흔들리지 않는 본원에의 접점에
문학이 있다면 너무 단순한 정리라는 지적을 받을 수도
있겠다. 그럼에도 불구하고 문학의 원리가 거기 있을
것이라는 상상과 영감을 버리고 싶지는 않다. 우리말로
쓴 것이나 아니냐를 한국문학의 잣대로 삼는다거나, 국
내와 국외를 구별하는 격리감 따위는 이때 그다지 행세
하지 못한다. 편의상 그런 기준이 맞다는 이치에 동의

하면서도, 가장 두드러진 한국인의 심상心像과 가닥에 닿는 것이면 된다는 생각이다. 산술적인 차별을 두지 않는 마음이 곧 문학하는 마음 아니겠는가.

김용익 씨의 말마따나 사람 따라 다르기는 할 것이다. 그러나 노벨상을 받은 싱거도 지적했듯이 작가에게는 각각 테리토리(영토)가 있다. 그것은 어떤 그에게 선험적인 영감과 체질을 부여하기 마련이다. 죽을 때까지 '행복한 기반羈絆'에서 벗어나기 어렵다. 그것도 나라나 땅덩어리 자체보다는 작은 마을이라든가 그 속에서 체온을 주고받은 소수의 사람들, 또는 풍경이 감동의 바이브레이션을 끊임없이 자극한다. 한 작품 속의 두 가지 요소, 즉 센스 오브 로케이션Sence of Location과 강한 보편성이 있어야 한다는 창작원리도 그걸 제외하고는 성립될 수 없다.

비극적인 역사 체험 탓도 있지만 아무튼 한국인의 땅은 하나이면서, 사는 현실은 넓어진 셈이다. 수백만 동포들이 소수민족의 형태로 남의 나라에 흩어져 있다. 그런 가운데서도 농경사회의 혈통에 유난히 집착하는 의식이 강해서 서로의 동질성 확보에 노력하는 모습이 의젓하다. 그런 삶의 구체적인 표현이 바로 『열대문화』

와 같은 자기보존 역량 아니겠는가. '열대'라는 어휘 속
엔 다시 각별한 의미가 포함되어 있다. 러시아나 연변
지방은 '한대寒帶'이고 미국이나 일본은 기후로 따져 그
어간에 있다. 우리에게 대체로 생소한 열대는 브라질이
중심이며, 그것은 또 지구의 뒤쪽에 있어(한국에서 보
건대) 내왕이 드문 편이다. 우리 이웃들이 건너간 역사
도 그만치 짧다. 수적으로도 열세이다. 하지만 그 때문
에 활자의 나열에서 전수받는 '외로운 체감온도'의 열
기는 역설적으로 더 뜨겁다. 내 개인으로는 외우畏友 황
운헌 형이 있어 더욱 그렇다. 80년 여름 '하마트면' 상
파울루에서 황형을 만날 뻔했던 행운을 놓친 나로서는
『열대문화』를 대하는 감정이 그만큼 남다르다.

　사사로운 설명을 보태자면 사연이 무척 씁쓸하다. 그
때 일하던 신문사의 기획기사(제목은 '역사의 현장')취
재를 위해 서울을 떠난 건 80년 8월초였다. 두 달 동안
의 여행계획을 짠 다음, 사진부장과 함께 김포공항 아
닌 서울역을 떠나 '부관釜關펠리'를 타고 먼저 시모노세
키에 도착했다. 일본과 미국 각지를 거쳐 멕시코 일원
의 취재를 마치자 꼭 한 달이 지났다. 그런데 미국을 돌
아다닐 때부터 들려온 전두환 정권의 언론인 해직소식

이 궁금했다. 리마로 출발하기 위해 멕시코시티 공항으로 나가기 다섯 시간 전쯤 호텔에서 서울로 전화를 걸어다. 편직국장의 대답은 너도 이미 해직기자로 찍혀 방榜이 붙었으나 해직 날짜를 한 달 후로 미뤄놓았으니 나머지 한 달을 채우고 오라는 것이었다. 예정대로라면 나는 페루, 칠레, 아르헨티나를 거쳐 브라질로 갈 작정이었다. 비행기표도 그렇게 마련돼 있었다. 다만 브라질 입국비자를 못 받아 상파울루에 갈 수 있을지 어떨지는 미지수였다. 당시만 해도 브라질은 여간해서 한국인에게 비자를 내주지 않았다. 하물며 기자는 기피대상이라는 것이었다. 서울서는 말할 것도 없고, 동경, 뉴욕 등 가는 곳마다 브라질 대사관과 영사관을 찾았으나 허탕이었다. 오직 미국에서만 아르헨티나에 가서 교섭해보라는 것이었는데 상대방이 어쩌면 가능할지도 모른다는 암시를 준 것이 다행이었다. 그러나 결국 나는 멕시코에서 걸음을 멈추고 서울로 되짚어오고 말았다. 기분도 내키지 않는데다 본래의 같잖은 결벽성이 그렇게 만들었다. 벌써 나와는 상관이 없는 직장 돈으로 한가한 여행을 계속할 생각이 나지 않았던 것이다. 황운헌 형과의 상봉은 이렇게 해서 깨어졌다.

다시 돌아보고 싶지도 않은 세월이다. 그 후 4년 만에 복직은 되었으나 3년 만에 자진 사퇴하고 새로 생긴 한 겨레신문의 비상임 논설고문이란 사외직社外職을 맡았다. 다 늦은 시간에 소설 쓰기에 발분하면서 가지 못한 상파울루를 가끔 떠올린다.

어디에 있건 쓰지 않고는 못 배기는 『열대문화』 동인들과 같은 '꾼'들의 마침내 신선한 열정을 확인하며.

편집자

요새는 잡지의 성격을 구분하는 경계가 다소 느슨해
졌지만 전에는 아주 뚜렷했다. 문예지, 학술지, 대중지,
여성지, 학생지, 아동지로 대별하고, 정치·경제·사상
을 통틀어 다루는 잡지를 종합지라고 했다.

개중에 특이한 것이 '순문예지'였다. 문예는 문학예
술의 준말이다. 굳이 '순純'자를 붙이지 않아도 다달이
문학작품을 싣는 잡지라는 사실을 모를 사람이 없을 텐
데 왜 그랬을까.

대답은 간단하다. 흥미 본위의 통속문학이나 대중문
학과는 다른 구극적究極的 순수성을 추구한다는 뜻이다.

설명을 더 보태면, 사회적 사상적 색채를 배제하고 오로지 순수 예술성에 치중하겠다는 강조의 표시로 볼 수 있다. 일본에서 먼저 써먹은 말의 이력이야 어떻든, 긍지가 그만큼 높았다.

육당 최남선의 「소년」 이래로 찔끔찔끔 나온 문학지는 그러나 수명이 모두 짧았다. 신문만으로는 채우기 힘든 발표욕을 감당하기 위해 동인지 이외의 문학지가 더러 등장했으나 '3호잡지' 소리가 예사일 정도로 오래 버티지 못했다.

종합지 『개벽』이 72호, 방인근이 '6백 석짜리 시골 땅'을 판 돈으로 만든 『조선문단』의 통권 26호가 그나마 장수한 축에 든다. 전자는 총독부의 정간, 벌금, 발행 정지 탓에도 명줄을 이어가기 어려웠다. 후자는 예금한 돈을 '곶감 빼먹듯' 잡지에 대다가 기진맥진 쓰러졌다.

때문에 이 글에서 말하고 싶은 편집자의 위상을 애기할 여지가 없다. '춘해'처럼 혼자서 발행·편집·판매를 도맡아 정신없던 판에, 에디터 본연의 직능 운운이 쑥스럽다. 말도 안 되는 사치다.

문예지는 일반 상업지에 비해 꾸밈이 단조롭다. 그게 오히려 매력이다. 자질구레한 치장 대신 내용을 취하기로 독자와 무언의 약속을 한 까닭이다. 그렇다고 문학의 지속적인 발전 변모를 이끌고 반영해야 할 처지에 매양 밋밋한 지면誌面으로 독자를 대할 수는 없다. '차례'란欄에 나열할 이름을 달마다 고심하며 독자의 괄목을 노리되, 멀리 전망하는 안목 또한 크고 넓어야 한다. 그걸 누가 모르랴. 다 아는 일이기 때문에도 편집자는 겉으로 한가하고 속으로 곯기 쉽다.

문단에 대해서 객관적인 위치에 서야 할 편집자로서는 나는 너무 문단적인 위치에 서 있는 사람이라는 것과 함께, 나는 언제나 편집자라는 의식보다는 문학하는 사람이라는 사실들이 더욱 편집자로서의 나를 부적당하게 만들고 있었다.

조연현趙演鉉 선생이 쓴 「편집자의 애환」의 한 구절이다. "직업인으로서 편집에 종사해온 것이 아니라, 문학하는 한 사람으로서 편집에 종사해왔다. 이것이 20여 년을 나로 하여금 순문예지에 관계케한 원인의 대부분이었는지 모른다"고도 말했다. 그 바람에 남달리 심한 편집자의 애환을 겪었다면서.

본인 생각은 응당 그럴 것이다. 『문장』의 이태준이나 『인물평론』의 최재서 역시 마찬가지였을 테니까. 말처럼 수월하지는 않았을 것이다. 문인으로서의 자신과 편집자로서의 자신이 겪은 내부적 갈등 회상을 보고 짐작할 수 있다.

그러나 소박한 수준의 자본 대 제작의 병립이 보기 좋았던 『현대문학』 창간을 포함하여, 20여 년 편집자 생활을 그다지 자책할 건 없지 싶다. 문학은 혼자 하는 것이고 편집은 불가측 다수를 상대하는 작업이기 때문이다. 문학평론가와 문학지 편집자의 두 삶을 어떻든 따로 떼어 생각하기 어렵다.

에디터십, 즉 편집자에 대한 인식이 우리나라에서는 많이 미흡하다. 단순한 기능직으로 간주할 뿐이다. 새 문화를 일궈 앞날을 트는 길잡이 역할을 하면서, 사람을 골라내는 눈썰미가 비상한 광의의 지식 엘리트로 인식하기를 주저하는 편이다.

세계를 누비는 『리더스 다이제스트』의 개척자이자 편집자였던 드위트 월레스, 일본으로 말하면 『문예춘추』의 창시자이면서 작가이기도 했던 기쿠치 간菊治寬을 이런 방면의 돋보이는 외국 사례로 들 수 있다. 그들의 이름은 항상 잡지의 존속과 겹쳐 떠오른다.

코카콜라, 맥도널드 등과 함께 미국을 대표하는 월레스의 『리더스 다이제스트』는 다른 간행물에 실린 기사 중에서 읽을 만한 얘기를 고르고 간추려 재수록하는 편법으로 독특하다. 대신 광고를 일절 싣지 않았다. 남의 덕으로 돈을 버는 주제에 광고료까지 챙기는 얌체짓이 스스로 민망했기 때문이리라. 하지만 그 대목이 또 이 호주머니형 읽을거리의 성가를 높였다.

한국에서도 줄창 최고의 판매 부수를 구가한 이 잡지는 온세계에 없는 나라가 없이 퍼져, 호왈 3천만 부를 헤아린다. 사회주의 붕괴 이전엔 가톨릭교회와 공산당과 『리더스 다이제스트』를 '3대 국제조직'으로 치는 우스개가 나돌았을 만큼. (고정기 편저, 『편집자의 세계』)

월레스 나름의 철학이 없었던 것 아니다. 목사의 아들인 그는 낙천주의를 잡지의 메시지로 삼았다. '이 세상은 멋있는 곳이며, 보다 더 살기 좋게 만들 수 있는 곳이며, 웃음보다 더 좋은 양약良藥은 없다'는 주장을 폈다. 기사도 그런 쪽에 신경을 써 골랐다. 덕택에 전쟁 중에도 현상 유지가 가능했다. 일선 장병들에게 준 위안이 컸기 때문이다. 미군의 주둔 지역이 세계적이었던

지라 『다이제스트』의 보급 판도도 더불어 넓어졌다.

'상업성 사명감'과 관련된 이런저런 논란의 여지가 없는 것 아니되, 작은 읽을거리의 유다른 역할을 생각케 만든다.

기쿠치 간이 자신의 수필집 제목(「文藝春秋」)을 그대로 따 1923년 1월호로 시작한 『문예춘추』 창간호는 30쪽이 채 안 될 정도로 얇았다. 그나마 수필로 지면을 죄 채워 개인잡지나 다름없었다. 하지만 '순소설'을 몇 편 쓰다가 장편 『진주부인』으로 유행작가의 반열에 오른 그는 문단의 대세력가로 군림하며 신진기예의 소설가를 많이 거느렸다.

『문예춘추』의 편집은 아쿠타가와 류노스케와 나오키 산주고에게 완전히 맡겼다. 나오키는 특히 문단가십 등을 섞어 독자의 구미를 돋우는 솜씨가 뛰어났다. 아쿠타가와는 미구에 극약을 마시고 자살한다(1927). 1934년에 나오키가 또 죽자 기쿠치는 두 사람을 기리는 문예춘추사의 뜻에, 마침 일기 시작한 신인 발굴 여망을 수용하여 아쿠타가와상과 나오키상을 만든다. 두 작가의 작품 성향을 좇아 하나는 당시에 왕성했던 프롤레타리아 이외의 창작을 겨냥하고, 하나는 대중문학 작품에 치중했다.

어차피 한담을 하는 김에 곁들이건대, 나오키는 이름이 참 희한하다. 서른 살에 처음 소설을 발표하면서 펜네임을 나오키 산주三十라고 썼다. 다음 해부터는 아예 三十一, 三十二, ……三十五 식으로 나갔다. 보다못한 기쿠치 간이 그쯤에서 멈추라고 '거치据置령'을 내렸다. 그래서 '산주고三十五'가 되었다.

아무튼 일본 문학계에서 차지하는 두 상의 존재는 대단하다. 상을 만든 기쿠치도 미처 예상하지 못했을 권위로 우뚝한데, 제정 의도엔 일종의 네포티즘이 묻어 있는 셈이다. 그러나 잡지 제작의 두 기둥을 연거푸 잃은 사정이랄지, 작가 이전의 편집자로 어울린 세 사람의 인연을 생각하면 이해가 간다. 아전인수의 감이 없지 않으려니와, 나는 그래도 유념하고 싶다. 필자와 편집자의 수더분한 관계 이상으로 필요한 교감이 그때는 그렇게 긴밀했다고 유추한다.

가령 보자. 어니스트 헤밍웨이의 재능을 최초로 발견한 스크리브너스 출판사의 맥스웰 퍼킨스는, '헤밍웨이의 편집자'로 유명하다. 스코트 피츠제럴드나 토마스 울프도 그의 신세를 졌다면 졌다. 그가 죽자 헤밍웨이는 깊은 애도의 편지를 출판사 사장에게 보냈다. "퍼킨스는 나의 가장 훌륭하고 가장 충실한 친구였으며, 머리가 숙여질 정도의 편집자였다"고 했다.

경우는 다르지만 우리라고 그만한 일화와 기억이 왜 없을 것인가. 그 방면 유지有志가 책 쓰기를 마음먹으면 어지간히 많을 테다. 동시에 엉뚱한 '상상의 날개'를 펼 수 있다. 만약 조선중앙일보학예부장 이태준이 청탁을 안 했다면 「오감도」는 어찌 되었을까. 이상이 자신의 대학노트에 깨알처럼 써두었던 2천 점의 일문시日文詩의 한 부분으로 사장되지는 않았을까. 임종국 시인에 따르면 「오감도」는 그중 15점을 한역韓譯해서 발표한 것이라고 한다.

같은 맥락에서 누구의 헌칠한 소설이나 시가 아무개 편집자의 눈에 띄지 않았더라면 그 작품은 또 어떤 운명을 걸었을까. 부질없는 만약의 상상은 끝없이 이어진다. 타고난 재주는 어쩌라고, 어련히 싹을 티울까 걱정도 팔자라고 할 수 있겠지만, 생각인즉 그렇다.

꽤 오래전에 한 잡지 편집인이 죽었다. 한창기韓彰琪라는 분이다. 소리내지 않고 독특한 삶을 산 사람이다. 죽음도 깨끗했다. 암으로 투병한 반 년 남짓, 남에게 폐가 될까봐 일절 발설조차 못하게 엄히 막았다. '장례식 같은 것' 치르느라 시끄럽게 하지 말고 거적 한 장에 말아 묻어 달라 유언했다. 숨이 끊어지는 순간 곧장 고향으로 운군해 달라는 것을 주변에서 억지로 말렸다. 딱 하루만 지인들과의 '인사'를 영안실에서 나눈 끝에 떠났다. 조의금도 받지 않았다. 생전에 그와 돈독한 사이였던 남녘땅 인간문화재 춤꾼들은, 하지만 진짜배기 씻김굿에 밤새껏 그를 씻어 보냈다. 꽃상여로 묻었다. 규격바른 전통 장례식의 본이 거기서 재생되었다.

살아서 스타일리스트였던 그는 죽어서도 철저한 전통문화 실천가였던 셈이다. 우리나라 토박이말을 오늘의 생활에 싱싱하게 복권시킨 것이 『뿌리 깊은 나무』요, 『샘이 깊은 물』이다. 그가 만든 두 잡지의 편집 체제는 그러나 고루하지 않았다. 시대를 껑충 앞질러갈 만큼 신선했다. 가로쓰기의 선구자, 여성잡지의 기존 틀과 고정관념을 깬 편집인, 토박이 판소리 명창의 발굴자, 팔리지도 않는 11권짜리 팔도지八道誌의 출판인. 참으로 많은 일을 하면서 독신으로 살다가 갔다.

자 이만하면 떡 벌어지게 추도의 자리를 장만해준들 어떠리……. 본인이야 펄쩍 뛸 공산이 크지만 산 사람의 도리로 멍석을 깔아줄 법도 했건마는…….

편집자의 또 다른 소임을 보이지 않는 곳에서 누군가의 재능을 찾아 개화開花를 즐기는 사람으로 정의할 수도 있다. 무대 전면에 나서기보다는 뒤에서 돕는 편이다. 바늘과 실 사이로 발전하면 더 좋지만, 그걸 담보하는 첫째 조건이 상호 신뢰임은 두 말할 나위 없다. 속된 표현으로는 죽이 잘 맞아야 한다.

랜덤 하우스사 초기의 시니어 에디터였던 색스 카민스Sax Cammins가 즉 그런 사람이었다고 들었다. 유진 오닐, 싱클레어 루이스, 윌리엄 포크너, 에드가 스노, 어윈 쇼가 모두 그의 담당이었다. 오닐은 다른 출판사에서 랜덤 하우스로 옮길 적에도 내 담당은 꼭 카민스여야 한다는 조건을 달았다.

한국서도 그 같은 담당제 관례가 일반화되어 간다. 마땅한 일인데, 유대가 퍽 헐거운 느낌이다. 편집자의 사내 위치나 재량권 자체가 확고하지 못할 정도로 출판 규모가 아직 영세한 탓도 있을 것이다. 허나 편집자에게 전권을 위임하고 안 하는 문제와는 그다지 관계가 없을 듯하다.

신문사는 더 힘을 못쓰는 눈치다. 언론사의 중심을

이루던 편집국장, 주필 이름보다는 발행인 이름이 한층 뚜렷하다. 그것은 무엇을 의미하는가. 옛날과는 거꾸로다. 이 부분만큼은 옛날이 나았다.

번역 전성시대

'95년 만에 문득 意匠이 뭐야?'

신문을 건성건성 훑다가 발견한 제목이다. 최근의 어느 날 치 경제면 구석배기에 배치할 만큼 작은 기사였으므로, 여느 때 같으면 그냥 통과, 통과했을 게다. 한데 '문득'이라는 수식어에 슬그머니 끌렸다. 신문 일반의 제목 감으로는 적절치 않되, 언외에 비친 편집자의 뜨악한 함의含意가 덩달아 궁금했다. 본문을 마저 읽지 않을 수 없었다.

"특허청은 18일 특허용어인 의장을 '디자인Design', '산업디자인' 등 쉽게 이해할 수 있는 용어로 바꿀 방침이라고 밝혔다."

짧은 리드대로 내용은 지극히 간단하다. 흔한 행정용어 고치기의 한 예에 불과했던 것이다. 그러나 이 단신이 겨냥한 진짜 속내는 그게 아니지 싶다. 95년 동안이나 팔짱을 끼고 지낸 늑장 행정을 슬쩍 비틀은 데에 묘미가 있다. 1908년, 그러니까 일본이 디자인을 '의장'으로 바꾸자 우리도 '한국의장령'을 공포하여 그들의 뒤를 따랐다는 부연 설명이 토막 뉴스의 의미를 배가시켰다.

멋없이 딱딱한 일본식 단자單字를 백 년 가까이 끼고 산 셈인데, 그런 내력과 무신경을 일일이 챙기기로 들면 한이 없다.

고속도로 노견路肩이나 한강 고수부지高水敷地를 '갓길', '둔치'로 고쳐 부른 게 겨우 십 년 남짓이다. 노견은 일본사람들이 영어의 숄더Shoulder를 직역한 것(로가다)이라고 했는데 반드시 그럴까. 홍수 때만 물에 잠기는 하천부지라는 뜻의 고수부지와 함께 본래부터 있던 일제日製 냄새가 짙다.

아무려나 '의장'은 애초에 너무 난삽하여 대강의 뜻마저 알아차리기 어려웠다. 따라서 다 늦게 남루를 벗은 모양의 '디자인'이 새삼 자연스럽거늘, 백 년을 두고 미처 씻어내지 못한 왜색 감염이라든가 말의 입고출신入古出新이 실로 다양하다. 한국보다 훨씬 먼저 서양을 받아들인 일본도 이 대목에서 많은 시행착오를 겪었거늘, 우리는 우리대로 그걸 허겁지겁 수용하기 바빴다. 이것 저것 가릴 여지없이 모사模寫하다가 집어삼킨 말 속에는 그러므로 소화불량을 일으키기 알맞은 반제품半製品도 있었을 터이다. 하지만 낱낱이 검증할 겨를조차 없어 산뜻한 박래품 대하듯 대했다.

지금은 물론 딴판이다. 장황한 설명보다는 요즈음 번역출판을 일별하는 것이 빠르다. 말의 국적을 가리지 않고 찍어낸 갖가지 번역책이 눕고 선 만국기마냥 서사에 즐비하다. 기사로 광고로 지면을 누비고, 방송은 '느낌표'류 영상을 통해 입체적으로 소개한다. 책의 무대가 유럽이면 현지로 당장 발품을 팔아 넓고 좁은 우주마을의 시각화를 돕는다. 지난 어느 때보다도 왕성한 번역서 전성시대를 맞은 느낌이다.

예전에도 번역은 성했다. 세계문학전집 같은 기획을 놓고 벌인 대형 출판사간 판매 경쟁이 근자의 『삼국지』처럼 심했다. 원작자 승낙이나 판권 취득을 따지지 않던 시절이었으므로, 삐걱거리는 나무 계단의 침침한 이미지 없이 회상하기 힘든 영세 출판사도 양서 출판을 꿈꾸고 '입뿡'을 노렸다. 번역 전문가가 따로 없어 웬만하면 너도나도 그쪽으로 눈을 돌리는 가운데 생긴, 번역이라는 두 글자에 어렸던 축축한 옛그림자를 지금도 아는 사람은 안다. 그만한 분위기를 반영하듯 당시의 소설엔 부업 삼아 번역 품을 파는 백면서생이 심심찮게 등장했는데, 홀로 되었거나 남편 수입이 시원찮은 지식 여성 또한 적지 않았다. 출판사에서 일감을 얻어 밤잠 설치며 사전과 씨름하던 그들의 일상이 하나같이 지쳐 보인 건 말할 나위 없다. 번역은 '반역'이라는 역설을 '가난'으로 치환해도 괜찮을 정도였다. 찌그러진 일각 대문에 종이로 '내재봉소'를 써붙인 채, 앉은뱅이 재봉틀을 드르르 드르르 돌리던 세월의 연장 같은 생각이나, 애잔했다.

멀쩡한 본업을 갖고도 매양 쪼들리는 생계를 벌충하기 위해 밤을 도와 번역에 매달린 가장은 더더욱 그렇다. 전문傳聞한 기억이 아리송송 희미하지만, 꼬부랑글자(주로 영어)가 장당張當 기백 원이면, 일어 중역은 훨씬 싸게 매겨 층하를 두었다. 그것만은 확실하다. 후자

쪽 가용 인력이 그만큼 흔했기 때문인데, 모개로 수가를 정하는 경우도 없지 않았다. 아무리 사오십 년 전 품삯이라지만 그때 이미 너무 헐했다. 약속한 날짜에 대고자 기를 쓴 나머지 코피를 쏟는 것쯤은 보통인 '번역 애사哀史'가 그때 있었다.

그 방면 사정에 어둡고 번역의 번자도 모르는 처지에 주제넘다 하겠으나 요새는 독립된 장르로 뚜렷하다. 여기餘技의 시대는 갔다. 그걸 증명하고도 남을 전문그룹 형성 기미를, 시시로 사들이는 책을 통해 짐작한다. 저자 이름을 보고 책을 선택하던 독서 관습에 '역자'의 이름도 의당 포함하게 된 것이다. 새로운 경험이다.

따라서 일역 중심 우리말의 굴절과 탈색을, 옛날을 기준으로 콩이야 팥이야 주워섬기는 시간이 스스로 따분하다. 좋은 것은 그대로 두고 어색하거나 나쁜 것은 고쳐 쓸 일이다. 일본을 넘어 베이징, 상하이로 중국말을 배우러 떠나는 부급負笈 행렬이 줄을 잇는 판이다. 미국 직행이 어려우면 카나다로 대양주로, 심지어 피지군도로까지 영어를 익히러 가는 마당에 아직도 일어 잔재 들먹이기냐? 소리마저 들어 쌀 노릇이다.

그러나 철부지 적에 덜컥 마주친 일본 '가나'와 소년

기를 보낸 중역重譯 세대는 별수 없다. 사람의 구미와 말씨는 열댓 안팎을 정점으로 어언 굳어진다고 했던 누군가의 사설私說 탓인가. 어떻든 그 시절에 학습한 일어 생각을 그만한 수준에서 어쩌지 못한다.

하다가 번역과 관련된 한일간의 개화기 낙차라든가 그뒤 정황까지 되돌아보기도 한다. 일본이 번역으로 근대의 발동을 걸었다면 우리는 무엇으로 시발점을 삼았을까 등등이 그거다.

그들 역시 자기들에 앞서 영한英漢사전을 만든 중국의 선례先例에 상당 부분 의존했다. '복음', '묵시', '세례', '기하학', '대수학,' '함수' 등을 그대로 들여다 썼다. 하지만 명치 연대에 벌써 수천 수만 개에 달했던 일본식 역어의 일부가 이번에는 중국으로 역수출되는 과정을 겪는다. (다카시마 도시오 지음, 『漢字와 日本人』)

일본이 그토록 숱한 서양말을 자기네 것으로 바꿨으되 초기엔 꽤나 혼란스러웠다고 듣는다. 당연한 일일 테다. 별별스런 역어가 다 나온 끝에 하나로 정착한 경위가 말의 민감한 속성으로는 오히려 타당해 보인다. Society(社會)나 Freedom(自由)이 가령 그렇다. Society는 '마지와루'(교제하다), '아쓰마루'(모이다), '나까

214

마'(仲間), '요리아이'(모임) '렌슈'(連衆)를 거쳤다.

Freedom은 Liberty와 맞물려 한층 복잡했다. 민주주의 개념과는 차원이 다르되, 중국이나 일본에서 이미 오래전부터 통용됐던 말인 까닭이다. 낯설지는 않았으나 새로운 의미를 담기 어려웠다고 한다. 일본의 '자주' '자재' '관홍寬弘'에, 중국의 자득自得, 자약自若, 임의任意가 함께 끼어들어 오랫동안 제자리를 찾지 못했다. (야나부 아키라 지음, 서혜영 옮김,『번역어 성립 사정』)

그렇게 이루어진 번역어를 우리는 가감없이 받아들여 서양 사조에 접하고 세계문학전집을 읽었다. 그런데 일본 유수의 저널리스트 야마모토 나스히코 같은 이는, 몇 해 전에 내놓은『나의 이와나미岩波 이야기』라는 책에서 러시아소설 번역의 삼인방이라 할 나카무라 하쿠요, 하라 히사이치로, 요네카와 마사오를 호되게 비판하고 나섰다. 그들의 노력으로 가능했던 톨스토이, 도스토예프스키 문학의 일본 이식을 높이 평가하면서도, 원문과 문법에 지나치게 충실한 나머지 일본어의 리듬을 놓쳤다는 이유를 들어 딴죽을 쳤다. 때문에 시가 나오야로 하여금『안나 카레니나』처럼 재미있는 소설을 반 년이나 띄엄띄엄 읽게 만들었다는 둥 트집을 잡는다. 사람마다 다른 생각의 일단으로 간주하려니와, 한국 독자를 많이 확보한, 그리고 영문소설 번역에도 능한 무라카미 하루키의 리듬중시론과 일맥상통하는 부분이 없지 않다.

그야 어떻든, 거명된 삼인의 역필 너머 황홀했던, 러시아문학에 대한 거창한 감동은 어디 가지 않는다. 흠뻑 빠졌던 소시적 기억에 비추어 결과적으로 조금 의아할 따름이다.

그가 이와나미서점에서 펴낸 책들을 나열 점검한 김에 언급한, 니시다 기타로의 '선善의 연구' 타박은 또 일본 최초의 독자적 철학서를 감히 흠잡아 주목을 받는다. 니시다철학의 유명한 키워드였던 '절대모순적자기동일'을 대뜸 도마 위에 올렸다. 무슨 말인지 전혀 가늠이 안 갈지언정, 영어의 아이덴티티나 아이디 카드에 불과하다는 사실을 안 다음엔 '애개개' 소리가 절로 나오더란다. 때문에 '일본에서의 철학의 난해는 곧 자구字句의 난해'라는 일도양단 논법이 흥미롭고 시원하다. 그쪽 학생들의 필독서라는 귀동냥만 믿고 책을 폈다가 질려, 미키 기요시의 '철학 노트'로 돌아섰던 자의 편안한 자기 위안과 무관하지 않지만 일단 그럴싸하다.

우리의 철학 읽기도 그래서 더 힘겨운지 모르겠으나, 번역 위주로 얼추 살핀 그들의 당초 관심은 문화·학술보다, 역사, 병법, 의학, 화학이 주였다. 마침내 만국공법萬國公法이라는 이름의 국제법으로 그 모두를 아우르는 과정에 국가생존 전략이 빠진 적 없다. 명치유신의 한 축을 감당하다가 암살당한 사카모토 료마의 세 차례 변신이 영락없다. 처음에는 사무라이답게 칼을 찼다. 머지 않아 육혈포로 바꾸고, 마지막엔 국제법 책을 가슴에 품고 다니며 공화共和사상을 외쳤으니까.

조선으로 건너온 번역 품목에는 그런 것이 거의 없다. 대부분이 문예작품이다. 중앙대학 김병철金秉喆 교수 필생의 노작勞作인 '한국근대서양문학 이입사移入史 연구(전4권·을유문화사)'에 따르면, 유길준의 『서유견문』 이래 15년 동안 들어온 개화기 외래문학이 모두 61편이다. 한역본漢譯本 중역 6, 일역본 중역 44, 원서 직역(한역본 참고) 2, 미상未祥 9편인데, 완역은 7편 뿐이다. 그나마 초역, 경개梗槪, 번안, 의역에 그쳤다.

당시의 사정이나 그렇게 된 연유를 꼬치꼬치 캘 것 없다. 다 아는 이야기의 중탕 아닌 중복이 속절없기 때문이다. 그 대신 일본 학계의 천황 소리를 듣다 간 마루야마 마사오가, 소설가 야스오카 쇼타로의 견해를 빌어 전한 삽화 하나를 떠올리면 어떨까. 번역의 역기능마저 생각케 하는 까닭이다.

후쿠자와 유키치와 그의 사상적 제자인 우에키 에모리의 차이는, 후쿠자와가 외국 책을 원서로 읽은 데 반해 우에키는 외국어를 읽지 못해 번역으로 읽은 것이라고 합니다. 야스오카 씨의 견해입니다만, 번역으로 읽는 쪽이 더 급진적이라는 거예요.(웃음) 인텔리의 급진주의는, 그의 표현으로는 자유민권이나 사회주의 관련 책자를 번역본으로 읽었던 것과 관계가 있다는 겁니다.

전방위 비평가 가토 슈이치가 묻고 마루야마가 대답하는 형식으로 꾸민책『번역과 일본의 근대』(임성모 옮김)에 나와 있다.

두 사람이 담소하듯 차분히 끌고 간 얘기 중에서 하필 이 부분을 인용한 것은, 우리에겐들 그런 일이 없었을까 의심스럽기 때문이다. 없었다고는 못한다. 이 땅에 들어온 웬만한 주의나 사상, 또는 종교나 풍습까지도 변태 왜곡이 자심했던 편이다. 원산지 이상으로 성깔이 드세어 불필요한 갈등을 한층 조장한 혐의가 짙다. 축어역逐語譯으로는 성이 안 차, 몸으로 의역意譯을 부풀린 폭인가. 그 바람에 덧난 상처가 이만저만 아니다.

번역을 통해 외국과 외국사람을 간접 체험하는 걸로는 모자라, 이제는 직접 남의 속으로 뛰어들고자 안간힘 하는 세상을 산다. 경계境界 가르기가 갈수록 무의미한 상황에서, '기러기 아빠' 신세를 마다 않고 어린 것들을 이 나라 저 나라로 떠나보내는 부모를 아무도 탓하지 못한다. 언제는 열강의 패권다툼에 밀린 약소민족을 비감하다가 또다시 '약어弱語 민족'의 궁벽窮僻을 실감하는 셈인데, 그것도 투자를 전제한 생존전략의 일환이라고 여기면 그만이다. 김소운金素雲이 어렸을 때 불렀던 권학가, '소년이로易老 학난성學難成하니……'의 밀레니엄판版이 지금이니까, 혀가 굳기 전에 학습시키는 것도 나쁘지 않다.

그런가 하면 번역을 거치지 않고 맞바로 행세하는, 게다가 십년지기인 양 거드럭거리는 오리지널 외래어가 사람들의 일상에 자꾸자꾸 똬리를 튼다. 모르면 촌스럽다고 유세를 부린다. CEO, 인프라, 포퓰리즘, 패러

다임, 스톡옵션, 블록버스터, 코드, 골세레머니, 커밍아
웃, 아젠더 따위가 이를테면 그러한데, 십대들은 알고
노년층은 몰라 '주석' 같은 번역이 필요한 것이 다른 한
편에 또 있다. 다름 아닌 인터넷 소설이다.

우주인의 기호처럼 괴이쩍고 희한하다는 신문기사에
홀려 인터넷을 뒤졌다. 쉽지 않았다. 왕초보를 무릅쓰
고 들어가 그럴만한 전자소설 구경을 시도하다가 미구
에 손을 들고 말았다. 들르는 곳마다 아이디를 적고 비
밀번호나 주민등록번호를 대라는 지시(로그인)가 번거
로웠던 탓이다. 그럴 바에는 아예 책으로 읽는 쪽이 낫
겠다는 계산이 서 책방을 찾았다. 어린 이야기꾼들은
대체 무엇을 어떻게 쓰는가? 나이의 고하를 막론하고
호기심은 상상력의 단초라는 자가발전식 아포리즘을
앞세우고 나선 것이다.

두 번 놀랐다. 동네 단골 서점에 무수히 깔린 양量에
혀를 내두르고, '굉장히 잘 팔린다'는 주인의 즐거운 파
안破顔에 경탄했다. '애들이 만화를 보듯 읽어 치우는'
바람에 매일 두세 권 꼴로 신간이 쏟아진다는 귀띔은
그러므로 대수로웠다. 무슨무슨 '문고'마다 따로 갖춘
특설코너의 성황을 포함하여.

여하간에, 이럴 때는 백문이 불여 일독一讀이다.

　▲돌들이 행진하듯. ㅇ_ㅇ!! ㅋㅋㅋㅋㅋㅋㅋㅋㅋㅋ 방금 생각난 것 이지만 달리기와 순발력 하나는 끝내줬다.
　▲(ㅡㅡ)))))))))))); 어라라라라라? 이게 아닌데?
　▲음...더워...ㅡ_ㅡ; 갑갑해.......ㅡ_ㅡ;
　▲헉헉.@_@ 헉헉. @_@ 시선이 저절로 밑으로 내려갔다.
　▲나의 물음에 당연하다는 듯이 주접 새끼는 (ㅡ)(_ _) (ㅡ)(ㅡ) 도 리도리... 그럴 줄 알았다. ㅡ_ㅡ

앞뒤 맥락과는 상관없이 끌어 쓴, 이른바 N세대 소설의 단편적인 예다.
판매대에 늘어놓은 수십 가지(그중엔 상·중·하 3권짜리도 있다) 속에서 무작위로 한 권을 샀다. 집으로 가져와 대강대강 읽었다. 예단과는 달리, 이야기가 별로 튀지 않아 안심하고 실망(?)하는 자신이 정작 우스웠다. 묘사도 그냥 순했는데, 대화와 지문을 가리지 않고 시종 들랑거리는 기호들의 행진이 눈에 다만 어지러웠다. 기성의 눈으로는 무의미한 것이, 그걸 쓰고 읽는 세대에겐 동류임을 증명하는 통과의례 주문呪文으로 아무렇지 않은 기미다. 그 점은 어느 책이나 비슷하다. 장난하듯 갖다 붙인 부호와 조어造語가, 끼리끼리 공유하는 '해방구 언어'로 자리잡은 느낌마저 든다.

암호도 아니요 수수께끼도 아니다. 본인 역시 분명한 이유를 대지 못할 게다. 아니 우문愚問으로 돌릴 것이 뻔하다. 참으로 이상한 소설들이 나타나 버젓이 한 살림 차린 격인데, 얼마나 오래갈지, 왜 시는 없고 산문만 쓰는지 두루 궁금하다. 일정 기간의 수련이나 기본기도 없이 시작한 작자作者 또한 없으란 법 없다. 그걸 부추기는 상업주의가 있다면 그건 그것대로 예사롭지 않다. 그러나 아직 속단할 것 없다. 다른 이유로 출분出奔을 마음먹는다면 모를까, 글로서 생의 초입을 굳히려는 뜻이 일단은 대견하기 때문이다. 음전한 말글의 끝내 엄정한 성향이 그런 믿음을 담보한다. 겉으로 드러난 일탈逸脫이 꽤나 어수선할망정, 민족의 디엔에이DNA이어서 마땅한 모국어는 넓은 도량 못지않게 냉엄하다. 옛말이라고 해서 무조건 내치지 않고, 새 말이라고 해서 함부로 덤부로 받아들이지 않는 가운데, 버릴 것 버리고 편입시킬 것 편입시키는 요령이 가차 없이 능수능란하다.

그렇게 포용력을 키우고 유연한 체질을 다져나간다.

　말은 그와 같은 여유를 먹고 자라는 생물이다. N세대는 이런 여유를 '하하' 웃는 이모티콘(^_^_^_^)으로 대신하기 일쑤다. 번역이 필요 없는 말의 회화화繪畵化 현상으로 칠 수도 있는데, 이해의 한도는 여기까지가 고작이다. 번역이 안 되는 말은 원천적으로 말이 아닌 까닭이다.

'한 폭의 동양화'

'그림 같은 풍경'이라는 말이 있다. '한 폭의 동양화'
로 표현을 바꾸기도 한다. 겨울 들녘의 설경이라든가
비 갠 여름산 정상에서 부감하는 운해 등을 두고 흔히
터뜨리는 탄성이다.

기막힌 경치에 압도되는 순간 입에 담기 마련인 감탄
이 이제는 예사로이 쓰는 관용어로 굳은 셈인데, 그 다
음 느낌이 좀 어설프다. 영묘한 자연을 그림에 빗댄 인
위적 상상력이 너무 상투적이기 때문이다. 글이나 말로
밥을 먹는 문필인에 방송인들까지 미리 상정한 어떤 회
화를 본떠, 그때 그때 새로운 자연을 그 밥에 그 나물

같은 소리로 묘사하는 수가 많다. 때문은 기술記述과 언어의 싫증을 넘어 순서마저 한참 틀렸다. 사생(그림)이 실경(자연)을 앞서다니.

이런 착각은 어디서 오는 것일까. 자연이 저절로 펼친 아름다움보다 인공으로 꾸민 것들에 더 치중하는 현대인의 특성일 게다. 밀레의 〈만종〉이라든가 〈이삭 줍기〉 같은 이발소그림을 지나, 실내 장식용 산수화를 대하던 눈으로, 다시 말하면 '액자화'된 감각으로 확 트인 천연을 바라보는 탓이다.

거장들의 그림은 물론 일일이 아름답다. 예술적 재창조의 기운이 뻗쳐 더할나위 없으려니와, 숨소리는 감히 옮기지 못한다. 살아 있는 자연은 '그림 같은 풍경' 이전의 차원이 각별하고, '한 폭의 동양화' 이전에 한없이 웅숭깊다. 인력으로는 어쩔 수 없는, 생성 필멸의 전개 과정이 기어코 유구한 것이다. 사람은 그 일단을 풍경으로 읊조리든가 화폭에 담을 뿐이다. 더 이상 근접하기 어려운 세계의, 절창絶唱이 따로 없는 조화 앞에선 그러므로 입을 다무는 게 낫다. 문명의 이름으로 자연의 이치를 자꾸 거역하는 오늘의 상황이 따라서 두렵다. 말만이라도 겸손한 자세로 자연과 대면하고픈 시간이다.

그림 같은 풍경을 찬미하는 습성의 연장선에서 또다시 입에 올리기 쉬운 게 '이름 모를 새'라든가 '이름 모를 잡초'다. 모르니까 모른다고 했겠으나 싸잡아 불특정 다수로 뭉뚱그리는 것이 문제다. 요새는 드물다. 예전의 구투 문장에 종종 나온 정직하다면 정직한 표현인데, 제각기 이름을 갖고 있는 것들이 들으면 몹시 서운했을 테다. 어차피 사람이 지어준 이름일망정 우리네 정체성을 그렇게 무시하기냐고 대들 공산이 크다. 잡초는 더구나 서러웠을라. 풀이라고 다 풀이 아니거늘 이름 모를 잡초로 두 번 죽이기냐고, '풀잎처럼 누웠다'가 '바람보다 먼저 일어나' 항변할지 누가 아는가.

남의 이야기마냥 주워섬길 것 없다. 나 역시 '이름 모를파'에 속하기 때문이다. 그런 푼수를 면치 못한 채 글줄을 끼적거리는 부끄러움이 아직 많다. 그토록 산천을 헤맸으면서도 정작 우리 산야에 둥지를 틀고 뿌리 내린 생명들과 다정히 안면을 트기는커녕 이름마저 제대로 모르다니 면구스럽다. 여러 가지 도감圖鑑을 갖추고 나무와 꽃과 풀 이름을 익힌다고 익히지만 그때뿐이다. 상면할 기회가 잦지 않아서도 잘 외워지지 않는다.

하던 차에 구해 읽은 황대권의 『야생초의 편지』가 재

미있었다. 자신의 솜씨로 곁들인 그림이 그렇게 예쁘고 자상하여 네가 바로 '방가지똥'이고, 네 이름이 '땅빈대'로구나 수인사를 했다. 하나하나 똑떨어지게 그려놓으니 번듯한 풀들의 됨됨이를 오랫동안 감상하게 만들었다. 저자가 본 야생초 중 가장 부드럽고 수줍음 잘 타는 풀 '수까치깨'는 무슨무슨 '스키'로 끝나기도 하는 러시아 사람의 인명을 연상시키거늘, 어째서 그런 이름이 붙었는지는 지은이 자신도 모르겠단다. 맛이 순하고 담백하여 자주 따 먹었다던가. 습기진 곳마다 어김없이 돋아나는 '중대가리'를 그는 또 교도소를 대표하는 풀로 생각한다. 이유는 이 풀의 끈질긴 생명력 때문이라고 했다. 그밖에 숱한 풀들이 죄 그렇게 끈질기다. 겉으로 연약하되 속이 단단하지 않으면 살아남기 힘든 우리나라 야생초의 '은근과 끈기 예찬'이 그럴싸하다.

교도소 얘기가 나온 김에 덧붙이건대, 이 책은 실상 '사회로부터 추방당한 한 젊은이가 타율과 감시 속에서 어떻게든 살아남으려 했던 몸부림'(저자의 말)이라는 점에서 더욱 절절하게 읽힌다. 뉴욕 사회과학대학에서 제3세계 정치학을 수학하다가 간첩단 사건에 연루되어 무기징역을 선고받았다(1985년). 국가기관에 의한 조작극으로 사건의 진상이 밝혀진 것은 감옥생활 13년이 지난 후였다. 영국에서 생태농업 공부를 마치고 요즈막은 생체공동체 연구모임을 주도하고 있다.

옥살이를 하면서 새나 꽃 기르기에 집착한 이가 불행히도 우리 사회에는 적지 않다. 왜 그랬는가를 묻는 건 우문이다. 절체절명의 긴긴 나날을 견디는 도반道伴으로 다시없었으리라. 생명의 크나큰 이치에 다가가는 깨침의 단초로 여겨 다정불심多情佛心의 싹을 티웠다고 볼 수 있다.

그 무렵 철창 아래쪽 콘크리트와 철창 사이 작은 홈 파인 곳에 흙먼지가 쌓이고 거기에 풀씨가 날아와 빗방울을 빨아들여 싹이 돋고 잎이 나는 것을 보았다. 신기했다. 봄날 민들레 꽃씨가 철창 사이로 하얗게 날아들어와 감방 안에 하늘하늘 나는 것도 보았다. 아름다웠다. 그것을 본 날 얼마나 울었던지. 생명! 이 한마디가 왜 그처럼 신선하고 힘 있게 다가왔던지.

—김지하, 『타는 목마름에서 생명의 바다로』

물컵보다 조금 작은 비닐화분에 떠온 팬지꽃 한 포기를

얻어 작업장 창턱에 올려놓았습니다. 행복동의 영희가 최후의 시장에서 사온 줄 끊어진 기타를 치면서 머리에 꽂았던 팬지꽃. 화단의 맨 앞줄에나 앉는 키 작고 별로 화려하지도 않은 꽃이지만, 열두 시의 나비 날개가 조용히 열려 수평이 되듯이, 팬지꽃이 그 작은 꽃봉지를 열어 벌써 여남은 개째의 꽃을 피워내고 있습니다. 한줌도 채 못되는 흙속의 어 디에 그처럼 빛나는 꽃의 양식이 들어있는지……. 흙 한줌보다 훨씬 많은 것을 소유하고 있는 내가 과연 꽃 한송이라도 피울 수 있는지, 오월의 창가에서 나는 팬지꽃이 부끄럽습니다.

— 신영복, 『신영복의 엽서』

　그밖에도 개미가 나의 감옥생활의 무료를 달래주고 흥미를 줄줄은 몰랐습니다. 화장실 천장에는 여기저기에 거미가 거미줄을 치고 삽니다. 거미는 깔끔하고 의심 많은 곤충이었습니다. 녀석은 죽은 파리는 잘 먹지 않는데, 살아 있는 파리라 해도 사람이 보고 있으면 결코 접근하지 않습니다. 그래서 나는 파리를 잡아서 거미줄에 걸어줄 때, 파리가 아주 죽지 않을 정도로 때려 잡습니다. 이것은 약간의 기술을 요하는 것입니다. 또한 잡은 파리를 거미줄이 찢어지지 않도록 걸어주는 것도 어려운 동작입니다. 나는 몇 번의 반복을 통해 기술자가 된 것입니다. …(중략)… 꽃을 가꾸고 거미를 관찰하고 개미들의 행진을 보면서 마음의 기쁨과 위로를 받았습니다. 그러므로 교도소 생활은 아주 멋진 성공작이라고 자찬하고 스스로 위로했습니다. 그것은 결코 자기 합리화도 억지 춘향의 해석도 아니었습니다. 내가 정말 그렇게 느꼈고 받아들였던 것입니다.

—김대중 『새로운 시작을 위하여』

간절한 사연들이 저마다 겸허하다. 그것만으로 꽉 막힌 나날을 배겨낸 이들의 그때 그 심정을 어찌 다 헤아릴 수 있을까마는, 갇혀 사는 동안에 터득한 생각이 생각이어서 울림이 한결 새롭다.

그리고 많은 세월이 흘렀다. 아니 천지개벽이 따로 없다고 해도 좋을 만큼 세상이 경중경중 내닫는 형세로 바뀌어간다. 변한 것을 낱낱이 따지기보다는 변하지 않은 게 무엇무엇인가를 챙기는 것이 빠를 정도다. 그런데 왜 이리 속이 허한가. 굳이 걸음을 옮기지 않고도 별별 일을 다 치르고, 오만 정보를 초 단위로 수중에 넣을 수 있음에도 마음은 전만 못하다. 허전하다 못해 갈수록 초조한 지경을 모두들 산다.

언제나처럼 그에 대한 진단, 처방, 대책, 경고야 벌써 많이 나왔다. 간편, 초고속, 기능, 세계화 등에 따르기 마련인 총체적 인간성 상실을 우려 견제하는 노력 또한 만만찮은 것이다. 과학의 눈부신 진전에 밀려 위상이 퇴락한 인문학 부흥을 외치기도 한다.

이런 와중에서 어지간히들 피곤한 기색이다. 살기 위해 앞으로 나가고 살기 위해 뒤돌아서기 바쁘다. 빠름과 느림, 성장과 지체, 깨끗함과 더러움 사이에서 무엇을 취하고 무엇을 버려야 할지, 둘을 공유하는 방도은 없는 것인지 갈팡질팡 행보가 어지럽다.

손으로 톡톡 PC 문자판을 치다 말고 머리로는 느닷없는 '공자님 붐'을 떠올리는 예가 이를테면 그렇다. 환경을 망가뜨린 손으로 환경 복구에 기를 쓰는 생활의 엇박자가 심하다. 통틀어 방향감각이 온전치 못하거나 제각기 달라 정신적 패닉을 겪는 중인데, 느리게나마 인간 본연의 모습을 회구하는 쪽으로 생각들이 기우는 추세가 다행스럽다.

남에게 뒤처질까 무서워 첨단의 한 축에 들고자 경쟁

에 부대끼며 안간힘 쓰다가도, 돌아와 잠자리에 누우면 이게 아니지 하는 감정, 그것이 곧 몸이 먼저 다그치는 자연회귀의 괜찮은 ‘증상’이라고 믿는다. 당장 옛생활로 귀환하자는 것이 아니다. 가당찮을뿐더러 그럴 수도 없는 노릇이다. 다만 바란다. 변화에 허천들려 놓쳤을지 모를 어떤 그리움을 되찾고 싶다.

그만한 의식이 시켜 생태문제에 관심을 돌리는 경향이 곳곳에서 세를 불려나간다. 조석으로 밥상에 오르는 먹거리에서 시작하여, 미물들의 생명에까지 마음을 쓰는 운동이 세계적으로 번져 연대를 이룬다. 제아무리 발전에 가속도를 붙여가는 현실이라 하더라도, 드디어 인간을 복제하는 상황에 이르렀다 하더라도, 인간은 여전히 먹고 싸는 일상을 반복할 밖에 없는 존재다. 이처럼 평범한 사실 인식이 몰개성의 기계문명에 대한 대안으로 폭넓게 부상하고 있다. 대안이라기보다는 본래적인 삶을 소망하는 희망의 거처로 보는 것이 옳을 것이다.

‘운동’이라는 말을 했지만 집단을 통해 위에서 아래로 퍼져나가는 행위를 반드시 의미하지 않는다. 오히려 반대다. 개인의 각성이나 반성에서 출발한 수평적 유대에 가깝다. 본래적 삶이라는 표현을 썼지만 그것도 사람 나름이다. 대개는 소박하고 단순하다. 어려운 일이 아닌 까닭에 실천하기 수월한 것들이 대부분이다. 하도 복잡한 삶을 좇느라 잊어먹은 덕목을 회복하려는 몸짓에 다름아니다.

가령 보자. 피에르 쌍소가 쓴 『느리게 산다는 것의 의미』도 마찬가지다. 그는 행복의 본질이 무엇인지 잘 모르지만, 끊임없는 수다, 쓸데없는 일들, 한마디로 헛된 것들이 자신을 행복으로부터 벗어나게 한다는 건 잘 안다고 했다. 많은 사람들이 나이가 들고부터 대학생들이 시험을 앞두고 벼락공부에 매달리는 것처럼, 그동안 못 이룬 것들에 대한 공복감을 채우기 위해 마음 졸일망정 자기는 삶의 대식가다운 집착이 없다고 여유를 부린다. 『게으름에 대한 찬양』을 쓴 버트런드 러셀도, 디비드 브르통의 『걷기예찬』도 생각들이 얼추 비슷하다. 환경운동가 유영초의 『더럽게 살자』는 책 제목이 직설적이듯 내용 역시 실감에 넘친다. 오염된 이 땅 구석구석을 예리하게 파헤치는데, 작자의 경험과 실천 속에서 우러나온 현실이 조목조목 기차고 슬프다. 오래전에 읽은 고집쟁이 농사꾼 전우익옹의 『혼자만 잘 살믄 무슨 재민겨』가 어느 산골의 환경친화 이야기라면, 이 책은 도

처에 널린 부스럼을 들춰 사람 사는 강토를 되가꾸자는
울분의 기록이다.

요컨대 실천이다. 혼자 하든 여럿이 하든, 더불어 사
는 사회를 아름답게 꾸미려는 사람들의 집요한 노력이
갈수록 든든하다. 미국 잡지 『피플』이 선정한 『세계에
서 가장 아름다운 50인』의 하나인 우리나라 청년 대니
서는 어떤가. 기똥찬 아이디어로 미국사회의 모금 관례
를 역이용하여 성과를 올리는 발상이 얄밉도록 근사하
다. 『작은 실천이 세상을 바꾼다』는 책을 써 묘수를 밝
히며 보람된 길을 가는 그가 자랑스럽다. 그 미국에는
일찍이 헨리 소로우의 '월든'이 있었다. 몸과 글로 생태
회복을 실천하는 삶을 살았다.

그런 차원에서 문학은 생명사상의 주된 기능으로 제
격일 듯하다. 실천의지는 고사하고 그 방면에 도통 아
는 게 없어 남이 쓴 책에 맞장구나 치고 앉아 있는 주제
에 염치없는 소리지만 생각인즉 그렇다. 다른 어떤 예
술 장르보다도 서정 서사에 능하고 호소력이 강한 형식
이기 때문이다.

'숨소리'는 이런 의지의 색다른 표현기관을 지향한

다. 수많은 계간 저널에 또 하나를 보태는 수준이 아니라 애초에 뚜렷한 성격과 사명을 지니고 나간다.

강원도 원주시 흥업면 매지리 화촌마을에 터를 잡은 토지문화관이 기왕에 그런 작업을 꾸준히 해왔다. 오봉산이 병풍처럼 둘러싸고 있는 시골스런 풍경 속에 다소곳이 예쁜 건물만큼이나 알뜰하고 조용히 해왔다. 생명과 영성(문학)의 두 측면에서 대혼돈의 소용돌이에 빠진 우리의 삶과 인간에 대한 창조적 대응을 열심히 모색했다. 세미나와 심포지움, 혹은 국내외 예술인과 학자가 참여하는 국제회의를 통해 새 정보를 주고받는 담론의 장도 열었다. 그런 활동과는 별도로 진행 중인, 문인들을 위한 집필실 제공을 다시 들 수 있다. 창작, 연구, 저술을 위해 더없이 쾌적한 쉼터로 착실히 자리를 잡았다.

'숨소리'는 그 동안의 이만한 적공積功을 바탕으로 바깥세상에 첫모습을 드러냈다. 어느 날 갑자기 펴낸 게 아닌 것이다. 더 거슬러올라가면 단대동 시절의 박경리 선생이 이미 마음먹었던, 연래의 획기적 '거사'로 보는 것이 빠를지도 모른다. 그때 책으로 띄운 『원주통신』(「꿈꾸는 자가 창조한다」)은 생명 외경으로 차 있었으니까. 울안에서 자라며 꿈틀거리는 동식물들과의 실천적 대화로 그들먹했으니까.

문학과 생태의 다감한 너나들이를 꿈꾸는 넉넉하고 자유로운 창작과 토론의 마당이자, 창간 취지에는 점잖게 고집을 부리기도 하는 잡지가 되었으면 좋겠다. 건강하게 커 항상 고른 숨소리를 내도록 많이많이 도와주시기 바란다.

3

어떤 금혼식

이번 가을 한 친지의 금혼식에 참석했다. 그리고 다음날은 그토록 싫어하던 결혼식 주례를 섰다. 50년을 하루같이 해로한 노부부와 새내기 부부의 첫출발 사이를 우연히 오락가락하게 되었다 '일말의 감회'가 없을 수 없다.

'일말'은 한 번 칠하고 한 번 지운다는 뜻이므로 내가 이틀에 걸쳐 간직한 감상이 그보다는 좀 진중했는지 모른다. 둘 다 경사 중의 경사여서 좋았다. 낮에는 혼례 마당의 하객석에 앉았다가 밤에는 병원 영안실의 문상객으로 안면을 바꿔 헐거운 종이컵에 소주를 담는 데

비하면 그렇다. 그때는 그때 대로 엇갈린 감정이 일지 말란 법 없겠지만 표정관리엔 아무런 어려움이 없다. 생성과 사멸에 이르는 다리를 그만큼 많이 '사무적으로' 건너다녔기 때문이다.

덕택에 서울 장안의 예식장과 영안실 위치를 뚜르르 꿰는 편이다. 아무리 외진 곳이라도 어지간한 약도가 내 손 안에 있대서 과언이 아니다. 내부 구조까지 환히 안다. 때문에 다세대주택마냥 꾸민 A 예식장에 가거들랑 인파로 인한 충돌·추돌 사고를 조심해야 한다고 미리 자신을 타이른다. B 영안실에 가면 옛날 여관방처럼 늘어선 빈소 복판에 중앙집중식 합동식당이 따로 있어 처신하기가 매우 난감하다는 것을 각오한다. 개별적인 애도 표시나 슬픔 처리가 힘들다.

아무려나 그날 금혼식은 하나의 구경거리로도 볼 만했다. 흥겨운 분위기는 광활한 호텔 홀의 느끼한 공기와 따뜻한 불빛을 반사하듯 넉넉하고 풍성했다.

금혼식이라는 격식 자체는 물론 서양 것이다. 연원을 따지면 영국이 본산인데, 그날밤의 행사는 전통적인 우리네 환갑잔치의 연장이나 다름없었다. 첫 순서인 '신랑 입장'이 애교스러웠다. 올해 76세인 '구랑'과 마침

고희를 맞은 '구부'를 그렇게 호칭하는 연유야 어떻든, 사모관대와 족두리로 치장한 내외의 모습이 재미있는 가운데 많은 생각을 갖게 만들었다. 부부생활 50년의 무게 때문이었다.

일정 주기를 산 부부의 결혼기념일을 스스로 축하하고 더불어 즐기자는 서양 사람들의 발상은 퍽 단순해 뵌다. 무른 물질에서 단단한 물질로 옮겨가는 상징의 차례가 그럴싸하다. 실지로 행사를 하는지 안 하는지 잘은 모르되, 5년이 꽉 차면 목혼이다. 10진법을 선호하는 한국과는 달리, 15년째 되는 해는 동혼이고, 25년이면 은혼식을 거행하는 것으로 돼 있다. 50년이 금혼식이고 60년이 다이아몬드, 즉 금강석혼이다. 그러나 미국은 75주년에 가서야 다이아몬드혼식을 치른다니 실지로는 매우 드문 일일 것이다. 갓 스무 살에 결혼한대도 95세 아닌가. 세상에서 가장 단단하고 아름다운 보석 같은 금슬로 부부의 역사를 추앙한다 하더라도 당사자들의 건강이 그날의 기쁨을 온전하게 누릴 만할지 의문이다.

그런 방면에 잔머리를 잘 굴리는 기질과 귀금속상들의 선전에 '고무'되어 미국에서는 방금 말한 다섯 가지

기념일을 다시 잘게 쪼개는 수도 있다고 들었다. 1년(종이), 2년(면), 3년(가죽), 4년(책), 6년(쇠), 8년(전기기구), 9년(도기), 14년(상아), 20년(자기), 30년(진주), 35년(비취), 40년(루비), 55년(에메랄드) 등이다.

호사가好事家의 공연한 구분일지 모르겠다. 그쯤되면 부질없는 행사의 반복에 가까워 기념하는 의미조차 상쇄되기 쉽겠다. 나무에서 다이아몬드까지의 정신적 상징성도 선물을 주고받는 형식으로 차츰 바뀌겠고, 반드시 그날을 챙긴다는 보장 또한 없다. 따라서 들은 풍월을 가볍게 그냥 나열했을 뿐이거니와, 일찍 문호를 개방한 일본은 명치시대에 벌써 이런 풍습을 받아들였다. 명치천황의 '대혼大婚 25주년 축전'(1984년)이 공식적으로 벌어진 이후부터 아주 활발해졌다. 그래봤자 널리 알려진 은혼식과 금혼식 행사로 그치는 게 대부분이다.

우리나라에서도 조금씩 이런 경향을 따르기는 하는데 일반화되지는 않았다. 아직 인식이 낯설다. 유교의 내림과 그리스도교의 차이를 감안할 수 있다. 개인이나 조직의 탄생 주년周年을 중시하는 서양의 애니버서리 anniversary 기념일은 유난스럽다. 공동체 의식의 자연스런 발로일까. 이에 비하면 지금까지의 우리는 조상숭배

쪽에 더 관심을 쏟았다. 산 사람보다는 죽은 이의 기일忌日 중심으로 주기를 따졌다.

하지만 그것도 옛이야기가 되어간다. 그 대신 회사면 회사, 단체면 단체의 창립기념일일수록, 이른바 꺾어지는 해를 중심으로 떡 벌어진 잔치를 차린다. 물론 여유 있는 집안에서는 방금 예를 든 것처럼 되도록 많은 사람을 불러 함께 기쁨을 나누는 멍석을 펴고자 애쓴다.

그런데 내가 그날 느낀 일말의 감회 속에 한낱 우수라고 해도 괜찮은 기분이 끼어드는 것은 어쩔 수 없었다. 마침 그 친지가 겪어낸 칠십여 평생의 풍파를 조금은 기억하는 까닭이다. 여러 굴곡이 있었다. 특히 6·25 전쟁을 치르는 과정에서 맞고 넘긴 몇 차례 죽을 고비를 용케 헤치고 저 자리에 앉아 있구나 생각했다. 이 순간 저 양반도 그런 심정이 아주 없지는 않을 것이라고 넘겨짚었다.

상노인들의 기쁜 날은 매양 비슷하리라 여긴다. 이 풍파 저 풍파 다 물리치고 마침내 우뚝 선 자리에서 느닷없이 떠오르는 지난날의 회상이 어찌 보송보송하기만 할 것인가.

즐거운 자리에 객쩍은 훼방을 놓자는 것이 결코 아니

다. 약간의 비감은 오히려 희열을 배가시키는 첨가제 구실도 한다는 걸 상기하면 그만이다. 거기에 수난을 딛고 일어서는 한국인의 의지와 묘미가 어른거린다. 슬픔도 오랜 세월 공 들여 녹이면 낭만으로 다가서는 이치를 그런 때 확인한다. 기뻐서도 눈물짓는 내력에 우리는 익숙하다.

직업은 필수고 결혼은 선택이라고 했던가. 결혼기념일로 남편을 시험하는 새댁의 '애정연습'은 귀엽고 달콤하다. 혼자 마음속으로만 그 날짜에 색연필로 동그라미를 쳐둔다. 엉겁결에 남편이 잊어먹으면 사나흘쯤 토라진다. 그런 얼굴은 목혼식 전후에 흔히 나타나기 마련이다. 미세한 감정이 동아줄같이 굵어지기 시작하는 동혼식이나 은혼식 근방에 다달아서도 그런 안방 연기가 가능하랴? 서로 장담 못할 일이다. 요새 부부들의 20년 이쪽 저쪽은 이참에 금혼식을 치른 부부의 그것에 비해 훨씬 변수가 많은 탓이다.

어떤 이혼녀 말대로 서대문을 가기 위해 탄 버스가 동대문으로 가면 아차! 갈아타기를 주저하지 않는 시속時俗을 다들 산다. 몰랐다면 모를까 뻔히 알면서 계속 타고 가는 것은 미련한 짓이라고 했거늘 말이야 옳은 말이다. 한데 그럴 때는 또 금혼식이나 은혼식 안팎을 가는 부부들에게 묻고 싶어진다. 당신들은 버스를 잘못 탔다고 후회한 적이 없는가. 알았다면 왜 내리지 않았는가? 억지로 체념했는가.

쓸데없는 소리일 것 같다. 그런 식으로 따지면 세상천지에 버스 갈아타는 사람투성이게? 서대문으로 가자고 작정한 동기는 무엇이며, 참을성 있게 견디다가 동대문으로 되돌아가면 난리라도 난다더냐, 반문할 공산이 크다. 금혼식은 바로 이런 이들 차지임에 틀림없다. 그에 대한 가치매김이라든가 삶의 질 따위를 헤아리는 일은 다른 문제다. 개인 차로 돌릴 밖에 없다.

결혼식 주례로 불려나갔다가 무슨 말을 해야 할지 난감한 것도 생활의 가치를 어디에 두느냐가 아리송하기 때문이다. 살아온 체험을 묶어 한두 마디 늘어놓으면 그만이다. 어차피 한쪽 귀로 듣고 한쪽 귀로 흘려버리는 통과의례의 일단이다. 하나 아무리 그렇기로 구시대의 경험에 비추어 훈계조로 나가면 말하는 자신부터가 싫어진다. 너희들도 내가 산 방식대로 살라는 투 아닌가. 사랑하고 공경하고 견디고 노력해서 검은 머리 파뿌리되도록 살라고 이르기는 쉽다. 하지만 사십 초반에 새치 한 올만 비쳐도 염색을 서두르는 터에 파뿌리는 어림없다. 견디는 데에도 한도가 있다.

그래서 금혼식으로 표징되는 긴 세월을 고스란히 이겨낸 시간의 무게에 깊은 의미를 부여하고 싶어진다. 무엇이 담겨 있어도 분명 담겨 있는 듯한 숫자의 역사를 무시 못한다고 믿었다. 백 년의 추탕집 국물은 50년짜리보다 낫다는 믿음, 빵집 70년이면 팥고물에도 관록이 붙는다고 신용하고픈 마음이 어찌 소중하지 않을까. 십 리도 못가 발병 나는 현상으로 죽을 쑤는 '조루증사회'에서 그걸 생각한다.

우리네 이름

대법원이 초등학교 아이들의 개명을 전면 허용키로 한 것이 어느 해였던가. 이름 때문에 고민하는 어린이들에게 맞춤한 기회로 다시 없었을 것이다. 어쩌면 사소한 조치로 비칠지 모른다. 그러나 당사자들에겐 잘못된(?) 이름 때문에 겪은 사단이 무척 고통스러웠을 테다. 법원행정처에서 발행한 개명사례집의 몇몇 경우만 보아도 그걸 짐작할 수 있다.

치국治國이라는 남학생 이름은 포부 한번 근사하고 당차 보이지만 성이 김가인 점이 문제였다. 김치국이라니 친구들이 얼마나 놀렸을까. 나죽자羅竹子, 박쌍련朴孁連

또한 '이하동문'의 내림으로 매일반이다.

누구에게나 그런 경험이 있을 터이다. 유년시절엔 이름에 얽힌 별명이 곧잘 붙어다녔다. 유별난 이름은 더구나 좋은 먹잇감이었다. 장난기로 뭉친 또래들이 가만 놔둘 리 없다. 본인으로서는 억울하기 짝이 없겠으나 개명절차가 까다롭고 번거로워 쉽게 고치기도 어려웠다.

호랑이는 죽어 가죽을 남기고 사람은 죽어 이름을 남긴다는 인명人名 존중의 의식이 그전처럼 철저하지는 않다. 하지만 흔적은 아직 남아 있고 동서고금이 대충 비슷하다.

로미오와 줄리엣은 서로의 이름을 원망한다. 줄리엣은 왜 당신의 이름이 로미오였느냐고 한탄하며, 아버지의 이름도 너의 이름도 버리라고 몸부림친다. 몬테규가 아닌 당신 만으로 족하다는 뜻이다. 로미오 역시 오늘부터는 로미오가 아니라고 화답하다.

어떻든 내가 누구인가를 담보하는 동일체 개념으로 평생을 같이 가는 것이 이름인데 우리나라는 그중에서도 특이하다. 정식으로 이름을 짓기 전에 아명兒名을 따로 붙이기도 하는데 이게 오히려 다정한 인간미를 나타내는 수가 많다. 칠성님께 빌어 낳은 아들이라 해서 칠성이, 얼굴이 예쁘장하대서 예쁜이立分·伊分, 장손長孫임을 자랑하기 위한 장손이, 생김새가 두꺼비 같대서 두꺼비, 영악한 아이를 가리키는 똘똘이 등이다.

출생한 해의 간지干支라든가 땅 이름을 딴 것도 많다. 신사임당이 용꿈을 꾸었다 하여 이율곡의 아명을 견룡見龍이라고 한 것은 태몽 계열에 속하지만, 갑자년에 얻은 자식을 갑득이라고 부른다든가 안골이라는 동네에서 낳은 딸을 안순으로 호칭하는 것은 태어난 땅과 관련된다.

사람의 이름은 천차만별이면서도 제각기 특성을 지니려고 애쓴다. 하지만 한계 또한 분명하다. 우선 자기 이름을 자기가 짓지 못한다. 부모나 조부모, 그 가운데에서도 할아버지가 생존해 계실 경우는 할아버지에게 우선권이 돌아가기 마련이다. 자기 손으로 자기 이름을 못 지을망정 자손의 이름을 지어주는 기쁨을 언젠가 누리는 편인데, 격자도 그런 즐거운 고민을 몇 번 경험했다.

수월하지 않았다. 자나 깨나 수없이 많은 글자를 요리조리 조립하고 부수기를 거듭했다. 좀더 색다른 이름을 골랐다가도 너무 튀면 곤란하다는 상식으로 돌아오곤 했다. 하다보면 지나치게 수수하여 성에 차지 않았다. 사람에 따라서는 또 종전 방식대로 글자 획수에 따른 목, 화, 토, 금, 수로 이루어진 오행五行과 항렬을 따질 것이다. 음운도 무시하지 못한다. 그래도 안 되면 친지에게 술 한잔 사주고 부탁하거나 작명소를 찾아간다. 이처럼 쉽다면 쉽고 어렵다면 어려운 것이 이름인데 요새는 신토불이식 이름 또한 많아 우리를 즐겁게 한다. 다름 아닌 한글 이름이다. 한글세대 부부가 늘면서 빠른 속도로 증가하고 있다. 한글 이름을 연구하고 지어주는 단체나 모임도 적잖이 생겼다. 아파트촌을 낀 동사무소에는 열 명의 출생신고자 중 한 사람 꼴로 한글 이름을 선호한다고 들었다. 낱말보다는 음감과 뜻을 살린 새로운 말 만들기가 그만큼 널리 퍼져간다.

서울대 국어운동회의 고운 이름 자랑하기 행사에 응모한 이름들이 이런 경향을 대변한다. 박차오름, 이보다미, 최해든나라, 강산에꽃님아씨, 이다영금 등이 수상작으로 뽑히게 되었다.

한글 이름을 보급하기 시작하던 초기에 벌써 그랬다. 요새는 더욱 과감하게 나온다. 보람, 슬기, 시내, 아름,

으뜸과 같이 한문투를 순수 우리말로 대체하는 수준이 던 것이 이제는 훨씬 독자성을 발휘하게 된 것이다. 보기에 따라 생소한 측면이 없지 않다. 종래의 인식으로는 너무 작위적인 느낌이 들지도 모른다. 그러나 차차 보편화될 공산이 크다. 항렬자는 포기할 수밖에 없다. 굳이 음양오행설에 입각한 글자를 집어넣고 싶으면 한글 배열순서에서 그런 기능을 찾으라고 권한다. 훈민정음도 아-설-순-치-치-후 등 오행원칙이 적용된 문자이므로 적절한 조합이 가능하다는 것이 전문가의 귀띔이다.

이와 같은 한글 이름은 다른 한편에서 진행중인 우리 땅 이름 되찾기운동과 무관하지 않다. 일제 침략과 함께 한자 이름으로 바뀐 본래의 우리말 땅 이름은 퍽이나 아름답고 정서적이었다. 가장 많았던 새텃말이나 새말을 비롯하여 윗말, 아랫말, 노루실, 새들, 다리실, 솔뫼, 곰나무, 가재골 따위 마을 이름들에 담긴 역사와 문화는 잃어버린 고향의 영상 너머로 사람들의 마음을 따뜻하게 감싸는 맛이 있다. 일제는 그들의 통치 편의를 위해 그걸 모두 한자로 바꿔버렸다. 신기리, 신촌, 상리, 하리 식으로 말이다. 물론 한꺼번에 몽땅 옛이름을 되찾는다는 게 쉬운 일은 아니며 되레 혼란을 가져올 염려마저 있다. 하지만 국민정서에 어긋날 뿐더러 부르기조차 딱딱하고 고약한 것을 그대로 둘 수는 없다. 점진적으로 고쳐 부르는 게 좋다. 고수부지를 한강시민공원으로, 고속도로변 노견路肩을 갓길로 고치는 정도의 노력과 안목이 필요하다. 한결 산뜻하지 않은가.

사람의 이름도 마찬가지다. 남의 탓만 하랴. 나도 내 이름이 싫지만 도리가 없다. 죽으나 사나 더불어 애지중지 끼고 살 따름인데 후대에 오는 사람들은 좀더 부드럽고 자연스러운 이름을 갖기를 희망한다. 중뿔하게 별스런 성명 삼자(때로는 너댓자까지)를 지니고 다니는 것도 무엇하되, 남산 꼭대기에서 누구야 하고 부르면 수십 명의 동명이인이 일시에 되돌아볼 지경으로 흔한 이름도 마땅치 않다.

금융실명제 실시 전 가명계좌를 통해 각종 금융거래를 해온 이들의 이름 중엔 철수와 영희가 제일 많았다고 한다. 남자는 철수요, 여자는 영희를 택했던 것이다. 그 다음으로 인기 있는 가짜 이름이 영호, 영철, 정희, 영자였다. 관계자의 풀이로는 초등학교 1학년 교과서에 들어 있던 이들 이름이 일반 시민들에게 친숙한 사실과 관련이 많다고 했다. 어차피 가명일 바에야 하는 심정에서일까. 개중에는 진달래, 무연탄, 잡구좌 같은 이름 아닌 이름도 있었던 모양이다. 이런 각도에서 본다면 홍길동이야말로 최고의 단골이었다. 은행이나 관청의 서식書式안내에 꼭꼭 등장하기 마련이었으니까.

이름을 어려운 한자로 꾸미는 사람도 적지 않다. 누구 약 올리는 심보를 떠올리게 하는 푼수에 가깝다. 그래서 지난 90년엔가는 대법원이 개정호적법의 시행규칙을 마련하여 이름에 쓰는 한자를 5731자로 제한했다. 자주 사용하지 않거나 너무 어려운 한자를 이름에 사용하면 본인에게 불편할 뿐만 아니라, 사회 일반에도 큰 부담을 주기 때문이라면서. 그런데 그 속에는 간姦, 수數, 시屍, 악惡, 위危, 죄罪, 투鬪 등, 이름으로는 도저히 쓸 수 없는 한자가 무려 500여 개나 포함되어 말썽을 빚었다. 무신경한 일이었다.

하필 비슷한 시기에 일본에서는 아들 이름을 악마라고 붙인 출생신고서를 시청이 거부하여 화제가 되었다.

내친김에 곁들이건대 일본인의 성씨나 이름엔 기기묘묘한 것이 허다하다. 읽는 법이 제각각인 까닭에 피차간에 헷갈리기 일쑤다. 남의 이름을 제대로 발음하기 힘들어 그 방면의 안내서가 등장하는 판이다. 인기가수 동해임태랑東海林太郎은 웬만한 일본인들도 죄다 '도카이 린타로'로 읽을 것이다. 그러나 '쇼지 다로'가 맞다. 일본 국철國鐵 과장이었던 어떤 이의 이름은 아이우에오阿井卯榮雄였다. '아이우에오'는 일본 가나五十音圖의 첫 행이다.(이규현 지음, 『말』, 125쪽)

서양이라고 다를까. 별별 이름이 다 있다. 어쨌거나 우리는 자기 이름을 보듬고 험한 세상을 살아간다. 이름 석 자에 값을 매기며 되도록 더럽히지 않으려고 애쓴다. 권세와 명예를 탐하는 사람일수록 더하다. 그러나 무엇을 어떻게 하는 것이 정말로 이름을 남기는 일인가를 분간하는 기준을 세우기가 어렵다. 묵묵히 인간의 도리를 다하고 정직하게 살기 위해 노력할 수밖에 없는데 비석으로 남은 누군가의 공적도 세월이 지남에 따라 재평가된다는 것을 마음에 새길 필요가 있다.

개발붐을 타고 요새는 많이 사라졌으나 오래된 읍邑 지역과 면소재지에는 아직도 비석거리가 남아 있다. 그 고을을 거쳐간 역대 현감들의 송덕비·선정비 따위가 늘어서 있는 곳이다. 아무도 돌보지 않는다. 지나가던 개가 다리 하나를 들어올려 무엄하게 오줌이나 찍 갈기기 십상이다. 현감 아무개의 이름 위에 감히. 그래도 후세에 이름을 전했다고 할 수 있을까.

임금이라는 이름에는 임금의 실체가 있고, 신하라는 이름에는 신하의 실체가 있다. 아비는 아비의, 자식은 자식의 이름에 상당하는 실체가 있다고 했던 공자의 「정명론正名論」 생각이 난다.

'살색 지우기'

대학입시에서 차지하는 논술고사의 비중이 커지면서 수험생들의 글쓰기에 대한 관심이 매우 높아졌다. 사고력을 넓히는 방안으로 어지간히 뿌리를 내려 다행스러운데, 무엇을 어떻게 쓸 것인가를 놓고 머리를 싸맬 걸 생각하면 마음이 좀 짠하다. 직업적으로 머리를 싸매는 내 일상에 비추어 그들의 벼락치기 문장 공부에 대한 사정이 얼마나 다급하랴 짐작하기 때문이다.

평생 동안 글로 밥을 벌었으면 최소한 겁은 먹지 말아야 하거늘 번번이 떤다. 엄살을 넘어 갈수록 버겁다. 더구나 우리 또래는 종이에 쓰고 PC자판을 치는 두 세계를 사는 까닭에 날로 새로운 IT언어에도 정도껏 신경을 써야 한다. 생물이나 다름없는 말의 현대성 확보를 위해 불가피하다.

그렇다면 논술 공부를 하는 학생들은 체질화된 자기네 언어를 접고 기성세대의 관용어에 더 많이 머리를 쓰는 셈인가.

반드시 그렇지는 않을 것이다. 종이에 찍힌 재래의 숙어와 인터넷에 나도는 말이 피차 뜨악하고 낯선 건 사실이지만, 중간에 통역을 세워야 할 지경으로 언어가 막힌 형국은 아니다. 무슨 생각을 어떻게 정리하느냐가 한층 중요하다. 작은 예문을 든다.

산 날망에 앉아 양지녘 고샅을 바라보며 눈물 훔친다.

바탕화면의 익스플로러에 커서를 가져가 클릭하는 내 손가락……

어떤 시구詩句와 산문의 대비인데, 날망, 양지녘, 고샅은 순수한 우리말이다. 익스플로러, 커서, 클릭은 인터넷 용어다. 짧은 묘사 속에 글을 지은 자의 나이가 벌써

넘나든다. 후자는 곧 '저놔'(전화) '어이엄다'(어이없
다) 'ㄱㅅ'(감사합니다)로 튈지 모른다.

문법 파괴, 세대 단절을 걱정하게 만들되, 그런 시기
가 오래갈 리 만무다. 그랬다가는 '셤'(시험)에 붙기도
전에 먹통 대접을 받을 터이므로, 때가 되면 제물에 가
라앉을 '끼'로 돌려도 될 게다.

과도한 이분법으로 세대를 가른 지난날의 경험으로
감히 낙관하거니와, 나이가 어리거나 젊을수록 언행이
생급스럽다는 발상 또한 문제다. 아이들이 없으면 웃을
일도 없다는 속담은 그들의 순진한 마음을 두고 하는
소리인데, 때로는 그것이 사물의 본성을 귀엽게 일깨우
기도 한다. 그런 보기를 최근의 한 신문에서 읽었다.

크레파스가 물감의 색깔 표현 가운데 하나인 '살색'
을 아홉 살에서 열네 살짜리 소녀들 여섯이 '살구색'으
로 바꿨다는 기사가 그거다. "우리도 세상을 바꿀 수 있
다니 신기하다"는 녀석들의 탄성이 환히 웃는 사진과
함께 빛났다.

그동안의 곡절이 제법 길다. 살색은 황인종인 한국인
의 피부색을 뜻하는 것으로, 피붓빛이 다른 외국인에겐
인종차별의 의미로 오해될 수가 있어 바꿔야 한다는 주

장이 오래전에 이미 나왔다.

외국인 노동자들의 대부격인 김해성 목사가 제기한 것이다. 그로부터 얼마 후, 산업자원부 산하 기술표준원은 그 제의를 받아들여 '연주황'으로 고쳤다. 그러자 중학교 2학년인 김민하 양 자매(김 목사 딸)와 친구들이 국가인권위원회에 진정서를 냈다. "주황색은 지나치게 어려운 한자어다. 이는 크레파스나 물감을 자주 쓰는 어린이에 대한 또 다른 차별이자 '인권침해'이므로, 알기 쉬운 살구색으로 바꿔 달라"고 말이다.

소녀들의 '당돌한' 소청도 재미있지만 그걸 '호락호락' 들어준 관청의 유연한 자세 역시 예전과는 엄청 다르구나 느꼈다. 아이가 무심코 던진 돌이 개구리에겐 치명적일 수도 있는 것처럼, 기왕의 '살색'이 동남아에서 온 노동자들에겐 차별을 표징하는 말일 수도 있겠다는 걸 확인하는 아침이었다.

색깔이름(KS)을 정하는 부서가 따로 있다는 사실에 혹해서 찾아간 기술표준원의 홈페이지에 따르면, 지금 사용 중인 색 이름이 천여 개나 된다. 내가 아는 것은 그중 얼마나 될까. 부끄러운 가운데, 본래 이름 외에 동식물 등의 이름을 함께 쓰도록 한 것이 많아 반가웠다.

노란색은 병아리색, 초록색은 수박색, 진한 빨강은 루비색 따위로 폭을 넓혔다.

다른 나라도 엇비슷하지만 우리는 식물의 색상을 맞바로 빌어 쓰기 예사였다. 연두색, 쑥색, 가지색, 치자색, 감색, 자두색, 밤색을 묘사하다가, '강낭콩보다도 더 푸른/ 그 물결 위에/ 양귀비꽃보다도 더 붉은 그 마음 흘러라' 노래했다.(변영로, 「논개」)

하다보니 정확도가 좀 떨어지는 것이 나올 밖에 없었다. 군청색, 감청색의 구별이 모호하다. 왜청倭靑은 더구나 난삽하다. 청출어람靑出於藍까지는 알겠는데 청이 세 가지로 나뉘는 대목에서 매우 섞갈린다. 관념에 흐르기 쉬운 한문의 속성 탓인가. 그런 내림에서 국방색(또는 Khaki색) 고동색(古銅色, 일명 적갈색) 같은 표현이 나왔음직하다.

이런 예를 일일이 열거하기로 들면 한이 없다. 푸르다, 파랗다를 세밀히 구별하다가도 어떤 때는 하늘과 바다와 들녘을 푸르다는 말 하나로 뭉뚱그리도록 대범하다. 빨간색을 나타내는 우리말은 사전에 실린 것만 60가지도 넘는다고 했다.

색에 대한 그토록 섬세한 감정이 색상의 본래적 쓰임

새와는 다른 성性과 정치적 갈등 용어로 다시 자리잡은 역사가 길다. 색향, 색골, 색욕, 색기로 가지를 뻗었다. 적색분자 백색분자 회색분자로 세상을 분할하는 구실을 인위적으로 작동시켜 선거철만 되면 색깔논쟁으로 난리를 친다.

그런 과정을 일거에 내치고 등장한 '붉은 악마'의 저런 환호와 나라 사랑의 열정이 드디어 믿음직스럽다. 역시 젊음이다. 누추한 사회적 통념에 신선한 바람을 일으켜 아름답다.

사람의 5감은 어느 나라를 막론하고 시각이 절대적이다. 우리나라에서도 5감 중 시각활동이 전체의 80%를 넘는다는 연구 결과를 예전에 보았다. 시각은 곧 색 아닌가. 색에 대한 특출한 감각을 지녔으면서도, 예전의 우리는 색감에 대한 미학적이고 과학적인 체계가 많이 미흡했던 게 사실이다. 요새는 그렇지 않다. 세련된 색을 만들고자 기를 쓰는 기업과, 글로벌 차원의 연구를 거듭하는 학계는 물론, 관청도 발 벗고 나섰다. 그런 연구소만도 통틀어 20군데도 넘는다던가.

냄새 냄새

아파트생활을 시작하기 전에는 외부의 온갖 소리나 냄새로부터 아주 자유로울 줄 알았다. 바깥과 절연된 상태에서 나만의 공간을 확보한 거처의 첫째 조건이 바로 그것이라고 믿었던 탓이다. 격리와 고립에서 오는 장단점은 차차 따지기로 하고 우선 그렇게 생각했던 것인데, 막상 겪고 보니 아니올시다였다.

소음공해에서는 그래도 상당히 벗어날 수 있었다. 지역에 따라 차이가 있겠으나 그때는 전후좌우에서 넘나드는 소리들이 시도 때도 없이 생활에 끼어드는 꼴이었는데 아파트의 단단한 이중창은 그러한 잡음을 어지간히 막아주었다.

문제는 냄새다. 오히려 더했다. 단독주택촌은 열린 공간이 넓은 만큼 냄새가 희석되고 사라지는 시간이 빠르다. 생성과 인멸이 잠깐이라고 볼 수 있다. 하지만 아파트 내부에서 올라와 고인 냄새는 성질이 영판 다르다. 일단 침입하면 여간해서 빠질 줄 몰랐다.

쇠고기나 꽁치 따위를 굽는 냄새라든가 김치찌개 끓이는 냄새 등이 예고 없이 콧속으로 스며들었다고 하자. 소문 없이(?) 냄새를 풍긴 집에서 그걸 다 먹어치울 때까지 이쪽은 얌전히 앉아 고스란히 맡고 있을 수밖에 없다.

물론 아파트 나름일 터이다. 냄새의 침투마저 허락하지 않는 좋은 아파트도 있겠지만 대개의 아파트는 기류의 흐름 앞에 무력하다. 따라서 음식 냄새 좀 풍겼기로 남의 만찬을 트집 잡으며 감 놔라 배 놔라 할 일이 못된다. 뿐인가. 냄새의 진원지를 정확히 탐색하기도 힘들다. 대강 짐작이 가기는 가되, 꼭 집어 말하기 난감한 것이 아파트는 복잡다단한 소통구조이기 때문이다.

그보다 먼저 생각하게 된다. 우리 집에서도 때때로 무언가를 지지고 볶아 남의 집에 냄새를 피웠을 것이라는 자격지심에서 역한 냄새의 틈입을 참는다. 원시인들의 생식시대에는 냄새의 개념마저 희미했으련만, 불의 발견과 함께 오만 가지 냄새가 기승을 부린다는 느낌이 드는 것도 이런 때이다.

냄새에 대한 현대인의 자의식이 얼마나 강한가를 여기서 깨닫는다. 각자가 처해 있는 상황에 따라 좋은 냄새 나쁜 냄새가 순식간에 갈리는 것이다. 자기 식구들이 먹기 위해 굽는 고기 냄새는 군침이 도는데 남이 굽는 생선이랄지 고기 냄새는 역하다고 했을 때의 이기적 감각을 억누르기 힘들다.

불고깃집 이웃에 사는 주민들이 고기 태우는 냄새를 견디다 못해 경찰에 고발하기도 하는 세상이다. 산에서 취사행위를 금할 때의 몇몇 이유 중에도 냄새의 비중이 꽤 컸다. 산불 염려 못지않게 일요일마다 맑은 산 공기를 굽고 끓이는 냄새로 오염시키지 말자는 주장이 설득력 있게 들렸다.

그것은 무얼 의미하는가. 공동생활의 본래적 바탕인 무색무취를 침해당한 데 대한 항의다. 자기 의지에 반하여 맡는 냄새는 모두 공해로 치부한다. 천하제일의 향수도 30분 만 맡으면 골치가 띵한 점에서 맞는 말이다. 사람들의 코는 지금 무척 지쳐 있다. 도시를 뒤덮은 매연과 오물 냄새 맡기에 지치고 , 썩어가는 음식 찌꺼기와 하수도 냄새 때문에 마음 놓고 숨쉬기 어렵다.

그러므로 산에서는 산 냄새를 맡고 강에서는 강 냄새를 맡아 찌부러진 코를 일으켜 세우자고 외친다. 그렇담 산 냄새 강 냄새는 무엇인가. 어떻게 설명하면 좋을까. 문학적으로는 별별 수식이 가능하다. 그러나 구차스런 주석을 달기보다는 '순수한 무색무취의 경지'가 그럴싸할 것이다. 계절 따라 다른 산 빛깔과 한결같은 강의 물빛은 인정해야겠지만 그 앞에서 들이마시는 공기는 무색무취가 으뜸일 것 같다. '냄새 없는 것이 좋은 냄새'라는 말도 있듯이.

연길을 거쳐 백두산 가던 생각이 난다. 시간이 촉박하여 4월 하순의 밤길을 자동차로 달렸는데, 쉬거나 달리면서 바라본 별에 여러 차례 압도당한 기억이 있다. 별이 그토록 많이 박힌 청천하늘을 우러르기도 난생처음이려니와, 주먹 같은 큰 별들이 금방 쏟아질 듯 가까이 다가서는 모양이 차라리 무서웠다. 그것은 감격이자 전율이었다. 옛 문사들이 애용했던 '쏟아지는 별'의 뜻을 비로소 실감하는 마당이었다. 공기는 싸하게 코에

차고 달았다. 숭고하게 무색무취한 백두산 공기가 성지 여행의 모든 것을 압축하고 남는 듯했다.

나는 최근 심장과 관련된 건강상의 이유로 '마지못해' 금연을 했다. 그런데 한 안내책자에 이런 구절이 있는 걸 보았다.

"담배를 끊은 지 5년이 되면, 담배를 피우지 않은 사람과 심혈관 질환에 걸릴 위험이 똑같아집니다."

'꼬부랑말'을 잘못 직역한 것이 아닌가 의심스러울 정도로 표현이 꾀까다롭다. 오랫동안 몸에 밴 니코틴 잔재를 깨끗이 씻어내자면 소불하 5년은 걸린다는 뜻 아니겠는가. 그렇게까지야? 싶은 대목인데, 사람의 일 가운데에는 그와 비슷한 예가 적지 않다. 개개인의 체내에 축적된 냄새도 그중 하나일 것이다.

언젠가 신문에서 본 한 재미교포의 경험담을 충분히 이해하고도 남을 만했다.

그 교포는 남의 나라에 가면 그들 사회에 적극적으로 어울리는 것이 옳을 듯하여 나름대로 많은 노력을 했다고 한다. 그런데 처음에는 웬만큼 먹혀드는 것 같더니 차츰 그들이 자기를 피하는 눈치더라나? 시간이 어지간히 흐른 뒤에야 이유를 알 수 있었다. 자신의 몸에서 배어나온 마늘 냄새 때문이었다.

음식을 바꾸고 방향제를 써보기도 했으나 잘 되지 않았다. 우리 음식을 먹은 날은 아무리 깨끗이 씻고 나가도 귀신같이 알아보는 데는 속수무책이었다.

새삼스럽다. 해외에서 살다 온 사람들을 통해 흔히 듣던 '냄새나는 이야기'다. 일본에서 미국에서, 그리고 유럽에서, 김치 냄새나 마늘 냄새 때문에 겪은 면구스러움을 수없이 많이 들었다.

말하자면 국적 있는 냄새인 셈이다. 우리만 그런가? 서양인들의 몸에서 풍기는 노린내도 한국인의 코에는 역겹다. 퀴퀴한 치즈 냄새를 확 뿌리는 유럽인의 체취 역시 코를 싸매게 한다. 인도인의 카레 냄새라든가, 중국인의 양파, 일본인과 다꾸앙 이미지가 서로 겹치는 과정에서 냄새와 국적의 상관관계가 그때마다 자연히 떠오른다.

냄새를 둘러싼 피차간 '코의 갈등'은 결국 습관과 낯설음의 차이인 셈이다.

좋은 냄새 나쁜 냄새가 따로 존재한다기보다는 민족이나 집단의 생활 관습과 그 냄새가 얼마나 깊은 관련을 맺어 왔는가에 따라 자리매김된다. 그 이상의 절대적 의미가 있을 수 없다.

한국인은 보글 보글 끓는 된장 냄새에서 향수를 느끼고, 그런 느낌들이 모여 민족적 동질성마저 확보한다. 이처럼 좋은 냄새가 서양인들에게는 아주 다른 작용을 한다. 경우에 따라서는 혐오스런 냄새로 둔갑하기 쉽다. 자신의 후각에 익숙한 것은 좋은 냄새고 뜨악한 것은 나쁜 냄새로 치는 기준이, 그러므로 상호간에 아전인수 격이다. 소수세력은 그러한 상황에서 매번 불리한 국면에 서야 하는 내력 또한 어쩔 수 없다.

일반적으로 발효식품을 즐겨 먹는 한국인은 향신료香辛料 중심의 음식문화에 익숙한 서양인에 비해 후각이 덜 민감하다는 인식이 있다.

그러나 이것도 시대 따라 변화하고 있다. 전래의 발효식품을 싫어하는 인터넷 세대들은 우리가 제일 선호하는 냄새인 '구수함'에 그다지 연연하지 않는다. 구수한 숭늉, 구수한 된장국, 구수한 보리밥 같은 묘사는 맛의 구수함 못지않은 냄새의 구수함을 아울러 연상시켰다. 그와 같이 무던한 맛과 냄새를 특정 인물에게도 적용하는 수가 많다. 사람이 구수하다든가 인품이 구수하다는 표현이 바로 그것이다.

한데 구수한 냄새 대신 자극성 향신료에 길들여진 층이 늘어나면서 이런 사정이 크게 바뀌었다. 구수한 냄새를 제대로 맡을 줄 아는 코가 상대적으로 줄어들기 때문에 생긴 현상이다.

하고 보면 같은 민족끼리 느끼는 냄새에 대한 감각도 시대 변천에 따라 들쭉날쭉인 듯하다.

우습게도 어릴 적의 내 또래들은 자동차 가솔린 냄새를 맡기 좋아했다. 자동차가 드문 만큼 운전사도 박래품 대접을 받던 무렵이었다. 기생들 사이에서도 인기가 높다고 했는데, 아이들은 자동차가 머무는 족족 쫓아가 코를 킁킁거렸다. 지금 같으면 돈 주고 시켜도 안 맡을 배기가스를 그토록 탐했다. 휘발유 냄새는 향긋했다. 그 순간이 곧 새로운 문명의 첨단과 접촉하는 계기인 듯한 착각에 빠졌다.

시내에 단 한 곳뿐인 일본인 제과점의 식빵 냄새는 내 손이 도저히 닿을 수 없는 지경을 몽롱하게 바라보게 만들었다. 막 구워낸 빵 냄새는 지금도 다들 좋아한다. 노릿노릿한 빵의 섬유질이 부서지지 않도록 조심스럽게 찢어먹을 때마다 그러한 유년시절을 이따금 생각

한다. 휘발유처럼 한동안 반짝 빨려들던 냄새가 있는가
하면, 빵 냄새처럼 평생을 두고 여전히 바치는 냄새도
있다는 것이 어쩐지 다행스럽다.

그 당시의 냄새는 또 시간을 재고 소문을 실어나르는
구실까지 했다. 아이들과의 놀이에 팔려 해가 저무는
줄 모르게 열중하다가도 솔솔 코를 간질이는 밥 짓는
냄새가 고맙고 반가웠다. '아무개야 어서 와 밥 먹어
라!' 소리를 기다릴 것이 없었다. 밥물이 졸아붙어 뜸
들일 무렵에 맞춰 풍기는 냄새가 허기를 일깨우고 귀가
를 재촉했던 것이다.

동네 어떤 집에서 잔치를 벌인다는 소문이야 미리 퍼
지기 마련이었지만, 여인네들이 몰려들어 한창 부치고
끓일 때의 냄새가 동네 경사를 가장 확실하게 증명해주
었다. 이웃에 떡 한 조각이라도 안 돌리고는 못 배기게
만들었다.

냄새란 그런 것일 게다. 대기 속을 떠다니며 사람들
의 신경을 거스르는가 하면 기분 좋게 다독거리기도 한
다. 맡는 즉시 토악질을 일으키게 하는 냄새가 있는가
하면 당장 성적 흥분을 유발하는 냄새도 있다. 도시에
는 도시의 냄새가, 자연에는 자연의 냄새가 흘렀다. 사

람의 냄새 또한 천차만별이다. 이 시대는 인위적으로 만들어낸 냄새가 본래부터 존재하는 냄새를 능가하는 단계이기 때문에, 냄새의 요물성妖物性은 갈수록 끝간 데를 모른다.

여자들의 향수야말로 인조 향기의 대표 격이다. 횡단보도를 건너며 스친 젊은 여성의 향수 냄새에서, 잠옷 대신 '샤넬5'를 뿌리고 잤다는 마릴린 먼로와의 향수적 시대차를 느끼지 말란 법 없다. 보통 남자들이야 그냥 지나치겠지만, 후각이 예민한 여성들끼리는 단박에 향수의 종류를 알아맞히며 당대를 주름잡는 냄새가 무엇인가를 가늠한다.

재빠른 상업주의의 코는 똑같은 종류의 상품을 대량 생산하는 데 그치지 않는다. 나만의 향기를 갖고 싶어 하는 소비자들의 취향에 맞춘 퍼스널 블렌딩이 등장한 지 이미 오래다. 미국의 '아벤다'사가 창출해낸 이 마케팅 전략의 핵심은, 고객이 원하는 향을 즉석에서 따로 만들어주는 것이다. 남성용 화장품의 일용화도 상당한 규모다. 무스는 한물가고 귀걸이는 선택이다. 청년들의 향내 나는 몸단장이 중년에까지 미친다. 한 신사와 악수를 나눈 다음 자신의 손에 옮겨붙은 향수 냄새 때문에 심정이 복잡했던 경우를 더러 기억할 것이다. 화학적으로 향기롭되 마음으로는 몹시 거북한, 처치 곤란한 냄새였다.

김용숙 교수의 『조선조 궁중풍속연구』에 따르면 옛날의 신분이 귀한 여인들은 향낭香囊을 몸에 지니고 다녔다. 오늘날 향수를 뿌리는 이치와 같다. 다홍이나 초록색 비단 헝겊으로 만든 것도 있고, 그 위에 조그만 구슬을 꿰어붙인 고급품도 있었다고 한다. 석류를 본뜬다든가 염낭형으로 동글게 만든 작은 주머니에 중국산 향을 넣어 단속곳 위에 차고 다녔다. 일종의 장식품인 동시에 고상한 여인의 품격을 상징했던 폭이다.

이와는 달리 남자의 성을 일시적으로 흥분시키는 냄새가 다름 아닌 조정향助情香이다. 그리고 이와 같은 기능을 갖는 조정향의 대표적인 향이 사향麝香이다. 지금 사람들은 그것이 어떻게 생겼는지 냄새가 어떤지 도무지 알길이 없거니와, 동양에서는 사향에 대한 과장된 전설이나 추앙이 대단했다.

사향노루 수컷(교미기에 접어든)의 생식선腺 분비낭을 따서 말린 가루를 사향이라고 한다. 사향노루는 더구나 중국의 오지인 운남성이나 사천성의 높은 산악지

대에 살았다고 한다. 얼마나 비싸고 귀한 수입품이었겠는가. 이런 침실의 비향秘香으로 남자들의 사랑을 얻고자 했던 여자의 마음을 누가 나쁘다 하리……. 조세핀 왕후가 나폴레옹을 유혹할 때 이용했다는 설까지 있는 사향은 지속성이 강한 향으로 한층 유명하다. '싸고 싼 사향도 냄새 난다'는 우리 속담이 그걸 여실히 증명한다.

냄새의 정체는 아직껏 확실치 않다. 파동설, 복사설, 입자설 등의 여러 가설이 있을망정 과학적으로 완전히 규명된 바가 없다. 이 세상에는 대충 2백만에 달하는 화합물이 있고 그것의 5분의 1인 40만 가량의 물질에서 냄새가 난다고 되어 있을 뿐이다.

그 속엔 최루탄 냄새도 들어 있을까. 많이 가셨으나 그 자리를 사람의 냄새로 진동케 하는 수준의 일들이 끊이지 않는 것이 문제다.

여기서 말하는 사람 냄새는 곧 부패의 냄새를 의미한다. '저 사람 한테서 냄새가 난다'는 우리말은 단순히 겨드랑이 암내나 입 냄새 등의 체취만을 가리키지 않는다.

그립다. 농약 안 친 무논의 벼 익는 냄새가 그립고,

석양이면 피라미들이 수면 위로 풀쩍풀쩍 튀어오르던 시냇물의 해감내가 그립다. 동백기름으로 가리마를 탄 새댁의 머리 냄새가 그립고, 그녀가 수줍게 비켜 앉아 젖을 빨리던 떡아기의 살 냄새가 그립다.

그때로 돌아가자는 이야기라면 멋쩍다. 그만치 정갈하고 수더분한 냄새를 삶 속에 복원하는 마음가짐으로 살고 싶다는 뜻이다.

가볍고 가볍다

지금은 대외적으로 관심을 기울이지 않는 대학총장의 졸업이나 입학식 축사를 신문이 의식적으로 크게 다루던 때가 있었다. 유신독재 전이었는데, 지적 권위의 상징인 석학들의 우회적 희망의 암시를 빌어서나마 언론이 못다 한 소리를 겸두겸두 높이기 위해서였다.

때문에 특종 경쟁과는 인연이 먼 문화부 기자들도 해가 바뀔 무렵이 되면 유명 대학의 총장실 움직임에 슬슬 신경을 썼다. 내년에는 어떤 내용으로 자유의 변죽이나마 울릴까 기대했다. 대학은 대학대로, 민주주의와 인권을 맞바로 내세우지 않고도 가능한 특종의 키워드를 식사式辭에 담고자 애썼다.

우습고 가당찮을망정 당사자들은 나름의 의미 부여에 심각했던 편이다. 이른바 '행간行間의 뜻'을 잘 챙기려는 암중모색의 계제였달까, 명쾌하게 복판을 때리지 못하고 말과 글을 뱅뱅 돌리는 별난 수사학의 시간이 그때 있었다. 그렇게 길고 모질었다.

괜찮은 학·언유착의 한때였다고 볼 수 있다. 양자가 이심전심 어깨를 겯고 나쁜 당대를 뚫고 가자는 윈윈 전략을 폈다면 편 셈인데, 그것도 오래가지는 못했다. 머잖아 그만한 기미가 들통나 당국의 개입을 불렀다. 총장의 제자들에 대한 당부의 말씀에서도 더 이상 숨은 그림을 찾기 어려웠다. 맹탕 같은 문면이 좔좔 덧없었다.

5공 때는 서울대 졸업생들이 자기네 총장에게 거꾸로 등을 돌리는 사태까지 벌어졌다. 총장이 축사를 시작하자 4천 명 졸업생의 절반가량이 노래를 부르며 퇴장하고, 문교부장관의 치사 순서 때는 1천여 명이 또 자리를 떴다. 그래서 당일의 '보도지침'은 '2단 정도로 조용하게 보도할 것'이라는 기록으로 남아 있다.

새삼스러운 기억이다. 당시와는 판이한 상황에서 '문

사철'계 총장은 그전처럼 환영받기 어렵게 된 현실이 드디어 쓸쓸하다. 언제는 문사철이 대학의 꽃이었을지 모르나 이제는 인문학의 쇠락과 더불어 출신 학과의 존립마저 위태로울 지경이다.

총장 구실도 기업수장首長의 '경영 마인드' 수준으로 바뀌고, 경제현장에서 대학으로 수평이동한 CEO가 실제로 적지 않다. 그중 한 분의 총장 취임 제일성은, "우리 대학을 시장경제 교육의 메카로 키우겠다"는 것이었다. 기업은 이익을 창출하기 위한 조직이고 대학은 이익을 내지 않는 조직이라는 차이가 있지만, 목표를 세우고 인적 물적 자원을 효율적으로 가동시켜야 한다는 점에서 경영의 원리는 같다고도 했다. 한 세월 전에는 상상하기 힘든 경제제일주의의 당당한 목소리다. 양극화 현상의 전면적 진전 속에서, 다들 온당한 추세로 친다.

그만한 추세의 포괄적 반영인 양, 오랜만에 가본 대학마다 새로 들어선 건물이 날로 웅장하다. 미국의 아이비리그나 영국의 옥스브리지를 비롯한 서양의 유수한 대학도 오랜 세월을 두고 그렇게 쌓아올려 캠퍼스가 하나의 마을을 형성할 만큼 대단한 모양이다. 그걸 생

각하면 우리는 아직 먼 폭인데, 더불어 다져야 할 내실
은 어떤가. 집짓기를 우선 서두는 것은 아닌지, 쥐뿔도
보탠 것이 없는 행인 주제에 부질없는 노파심이 인다.
모처럼 찾아든 절집도 그렇고, 여간해서는 고색창연한
분위기를 대하기 힘들게 되었다.

어제오늘 번진 풍조는 아니지만, 신입생 유치 홍보수
단으로 다투어 연예인을 앞세우는 대학도 있다. 자기네
학교를 나왔거나 다니는 학생배우가 '우리 대학으로!'
를 외친다고 아이들이 우 몰릴 만큼 인기에 대한 쏠림
현상이 지속적일까.

오히려 거부감을 느낀다는 것이 학생기자의 취재 결
과다. 맞는 말일 게다. 지긋지긋한 시험지옥에서 막 벗
어나 새로운 경지를 지향하는 예비대학생의 프라이드
앞에서, 부티나는 정상급 탤런트의 환영 제스처는 차라
리 낯설 터이다. 분별없이 좋아하던 고교 때라면 모를
까, 대중의 선호도에 한시적으로 좌지우지되기 마련인
'학우'의 거리는 멀고 멀 밖에 없다. 친근하게 다가가려
는 기획이 지극히 단순해 보인다.

뿐인가. 각 대학이나 동문회의 '자랑스런 ○○대인'
발표가 갖가지 상賞의 계절인 연말마다 신문에 매일처

럼 나온다. 갈수록 같은 행사를 하는 학교가 느는 듯하다. 간접적 대학 선전인 폭이다.

굳이 탓할 건 없다. 소관 분야에서 일가를 이룬 동창에게 포상하는 걸 나쁘달 것 없는데, 모두모두 크게 성공한 유명인 위주다. 갑자기 상을 주지 않아도 될 저명 인사를 지면에 띄워 학교 홍보를 겸하는 것이 다만 멋쩍다. 소리 없이 감동적인 일을 한 동문도 있을 텐데 그런 무명인은 세상에 자랑할 일이 못되는지 눈을 씻고 볼래야 없다.

일등의식에 가위눌려 친구와 경쟁하기 바빴던 학생생활을 접은 다음에도 '자랑스런 ○○대인' 축에 들지 않으면 안 된다고 은근히 부추기는 격이다. 그 같은 승자전勝者戰 경향이 대학의 본래적 명분을 더더욱 위축시키고 있다.

상아탑이라는 어휘 자체가 촌스럽게 비치는 현실에서 대학사회의 변화와 개혁을 재차 마다할 건 없다. 하지만 때로는 채신 사납다. 대학이 그렇게 가벼워진 것이다. 억지로라도 무게 좀 잡았으면 한다. 철 지난 소망일지 모르지만 아카데미즘 회복 소리도 더러 듣고 싶다.

시몬 비젠탈의 질문

두어 주일 전이다. 아침신문을 대강 훑다가 시몬 비젠탈이라는 유대인의 별세 기사에 눈이 딱 멈췄다. 마침 그가 쓴 『해바라기』(박중서 옮김, 뜨인돌 펴냄)를 사서 읽던 중이었기 때문이다.

공교롭구나 싶었다. 애초에 생소했던 이름이 새삼 의미 있게 다가오는 시간이었다. 책 내용은 해바라기의 서정성과 동떨어진 전율로 참담하다. 그렇다면 향년 97세로 삶을 마치는 순간의 당자는 어떤 생각을 했을까. 신문은 오스트리아 빈의 자택에서 노환으로 세상을 떴다고 했는데, 그것만으로는 미진한 느낌을 어쩔 수 없다. '나치 사냥'에 평생을 바친 사람이었던 까닭이다.

우크라이나의 작은 도시에서 태어나 건축가 생활을 하던 비젠탈은 1941년 나치수용소로 끌려가 3년을 보냈다. 홀로코스트 속에서 89명의 일가친척을 잃고 아내와 단둘이 가까스로 살아남았다.

그것으로 얘기가 끝났다면 이번 책을 포함한 몇몇 나치 고발 서적의 저자로만 알려졌을지 모르겠다. 하지만 그는 그때부터 파천황의 대사업을 마음먹었다. 30여 명의 다른 집단수용소 출신 생존자들과 함께 유대역사기록센터를 설립하여 1,100여 나치 전범들을 법정에 줄줄이 세웠다.

수십 년이 걸렸다. 아돌프 아이히만이, 안네 프랑크를 체포한 경찰관이, 이들의 촘촘하고 집요한 색출 활동에 차례차례 걸려들었다. 비젠탈은 네덜란드, 이탈리아, 이스라엘 정부의 훈장과, 미국 의회가 주는 황금 메달을 받았다.

그의 이름을 기려 세운 시몬 비젠탈센터는 또 일본의 역사교과서 왜곡에 대한 성명도 발표(2001년)했다. "주변국 침략에 대한 사실이 충분히 기록되어 있지 않은 것을 유감스럽게 생각한다"고 나무랐다.

그러나 『해바라기』의 내면을 관통하는 핵심 주제는 이런 게 아니다. 기왕에 보아온, 차라리 지루하기까지 한 그때 그 이야기와는 다른 질문을 중심화제로 밀고 나간다. 회개와 용서와 침묵에 대한 응답을 줄창 물어 마음을 무겁게 만든다. 당시의 실제 상황을 곧바로 들이대면서 말이다.

자세한 설명은 생략하기로 한다. 기신기신 수용소 생활을 견디던 비젠탈은 어느 날 '임종실'에서 얼굴과 온몸을 붕대로 감은 나치스 친위대원의 참회를 듣는다. 죽기 직전의 스물한 살짜리 SS대원은 고백한다. 2백 명 가량의 유대 어린이와 여자와 노인을 3층 가옥에 가두고 불을 질러 총질하는 살인행위에 자기도 가담했노라고. 어린애의 눈을 손으로 가린 채 2층에서 뛰어내린 부부를 떠올리며 읍소한다.

"저는 마음 편히 죽고 싶습니다. 그러니 제발…… 누구든지 유대인을 만나 모든 것을 고백하고 용서를 구하고자 했습니다. 쉽지 않으리라는 건 압니다만 당신이 대답해주지 않으면 저는 결코 마음 편히 죽지 못할 겁니다."

하지만 비젠탈은 아무 말 없이 방을 나선다. 고뇌 끝

에 대답 없이 발걸음을 옮겼다.

자초지종을 들은 수용소 단짝들의 의견 또한 갈렸다. '자네가 그를 용서했다면, 자네는 평생 자네 자신을 용서할 수 없었을 것'이라고 했다. '이 세상이 모두 제정신으로 돌아온다면 모를까, 지금 우리 상황에서는 말할 수조차 없는 사치'라는 소리도 나왔다.

그래서 그는 책을 통해 호소했을 터이다. 독자 여러분께서도 '나라면 어떻게 했을 것인가?'를 고민해달라고.

1976년 미국에서 『해바라기』가 처음 나온 후로, 아닌 게 아니라 신학자와 윤리 지도자, 또는 작가들의 답변이 많이 들어왔다고 한다. 해서 20년 후에 그런 견해를 모아 개정판을 다시 냈는데, 한국에서는 지난여름(2005년)에야 번역 출간되었다.

여러 나라 여러 계층 인사들의 반응은 다양했다. 예상하지 못했던 바 아니지만, 한 독자로서의 나 역시 별별 생각이 다 든다.

유대민족이 살았던 잔인무도한 세월을 십분 인정하되, 팔레스타인에 대한 이스라엘의 저 같은 군림은 무엇인가. 독일은 과거의 죄상 앞에 무릎 꿇었거늘, 일본은 한사코 잡아뗀다. 오히려 은혜를 입혔다고 떵떵거린다. 그게 짧은 홀로코스트와 '야금야금 36년'의 차이인가.

비젠탈은 전쟁이 끝난 다음 해(1946년) 여름 슈투트가르트에 있는 SS대원의 집을 찾아 당자의 어머니를 만난다. 그의 표현에 따르면 '남에게 뺨을 맞아본 적도 없는' 여러 성직자와 박애주의자와 철학자들이 나치를 용서하자고 전 세계를 향해 탄원하던 때였다.

"이제 저는 사람들이 하는 이야기를 믿을 수 없어요. 온갖 끔찍한 일들을 말이에요. 하지만 한 가지는 확실해요. 우리 카롤(SS대원)은 절대 그런 짓을 할 애가 아니라는 거예요."

비젠탈은 자신이 유대인이라는 사실 이외의 전력을 밝히지 않았다. 단순히 어머니께 안부 전해달라는 아드님의 부탁을 받고 왔다는 인사를 당초에 건넸을 따름이었다. 그래서였을까, 남편 없이 홀로 사는 과부의 착한 아들에 대한 '장담'이 계속되었다. 비젠탈은 좋은 어머니이며 좋은 아내였을 부인의 마지막 위안을 깨트리지 못한 채 그 집을 나왔다. '죄를 지은 나라의 국민으로 산다는 것은 승객이 전차에 올라탔다가 내리는 것과는 다르다'는 말만을 남기고.

'비젠탈딜레마'는 필경 용서의 문제다. 때문에 과거사로 논란이 그칠 날 없는 우리에게 시사하는 바 크다. 지난날의 숱한 양민 학살과 '광주'의 예에서 경험했듯이, 피해자만 있고 가해자는 없다. 용서할 준비는 되어 있는데 참회는 없다. 그것이 지금껏 겪은 한국적 과거사의 두드러진 특성이다.

망각은 시간이 해결해줄 수 있지만, 용서는 의지의 문제라고 시몬 비젠탈은 술회했다. 그러한 결정을 내릴 수 있는 사람은 바로 고난을 당한 장본인뿐이라는 지적을 곁들여 슬픈 글쓰기의 끝을 맺고 있다.

귀를 빌려주는 봉사

신문에는 크고 작은 고정 메뉴가 많다. 날씨, 만화, 주식시세, TV프로그램, 부고, 오늘의 경기 등이 하루도 빠짐없이 제자리를 지키고 있다.

독자의 잡다한 식성에 대비하기 위해서인데, 고정란은 특정 고객의 눈에 들고자 경쟁하지 않는다. 오는 손 막지 않고 가는 손님 붙잡지 않는 자세로, 음식상에 반드시 올라야 맛인 기본반찬처럼 다소곳하다. 늘 같은 장소에 좌판을 펴 지면의 아귀를 맞춘다.

서로 다른 고정란의 간판이랄까, 명칭이야 언제나 그대로다. 허나 컨텐츠 자체는 한 줄 한 줄이 매일같이 새롭다. 날씨는 하늘의 조화를 수치화하고, 주식시세는 분야별 등락폭을 낱낱이 적시하되 대박 성취와 손절매損切賣 낙담에 따른 핑계를 꼭 댄다. 만화마저 그날 테마가 뚜렷하고, 방송 프로는 시간에 목을 맨다.

모든 것이 이처럼 분명하다. 한데 우리나라 신문의 부고에서는 사망자의 이름을 유독 찾기 어렵다. 누구누구의 부친상이니 모친상으로 세상을 뜬 장본인을 익명 처리하는 바람에, 육하원칙의 첫째 조건인 '누가'가 없다.

나열한 아들과 사위와 딸의 이름을 보고 헤아릴 뿐이다. 유족들의 직위라든가 직업이 번듯할수록 호상의 기미를 미리 점친다. 달랑 두어 줄로 그치면 손이 귀한 집의 쓸쓸한 상례를 상상하기 마련이다. 간략한 부고의 경황 없음에 비추어 크게 탓할 일이 아닐지 모르겠다. 망자亡者 이후의 모든 절차와 시간은 어차피 산 자의 이름으로 집행 관리되기 때문이다. 상주를 보고 상가를 찾는 조문의 재래 격식도 있다.

아무리 그렇기로 이승을 떠나는 주인공들의 성명을 부친상 모친상 속에 녹여 뭉뚱그리는 관행이 딴은 좀 이상하다. 고인의 살아생전이 수수하면 수수한 대로,

잘났으면 잘난 대로 이름을 소중히 밝히는 게 옳다.

생략 실속 위주 신문들의 특성 탓일 수도 있다. 하지만 이왕 쓰는 인심이요 서비스다. 돌아가신 분의 성함까지 적도록 하면 보기가 더 좋을 터이다.

물론 요새는 많이 달라졌다. 사자의 이름과 직업을 먼저 쓰는 쪽으로 바뀌었는데, 대세는 여전히 부친상 모친상이다.

그런 측면에서 한겨레신문이 몇 해 전부터 실시한 '궂긴소식'이 아주 특이하다. '부음'을 순수 우리말로 바꾼 것인데, 소식 첫머리에 죽은 사람의 성명부터 당장 밝힌다. 잇대어 유가족 이름과 직위를 적고 부친상 모친상을 명시한다. 돌아가신 이의 생전 직함도 있으면 의당 적는다. 없으면 그냥 아무개 씨 사망이라고 쓴다. 무척 자연스럽다.

지명도가 높은 명망가나 화제의 인물은 당연히 별도의 대접을 받는다. 독립된 기사로 다루는데, 미국 신문의 '오비추어리Obituary'나 일본 신문의 '오쿠야미ぉくやみ'는 전담자를 둘 정도로 비중이 크다. 고인의 국가 사회적 위상이랄지 자기 분야에서 이룬 공적과 활동에 따라 지면 할애에 차등을 두되, 안 나오는 날이 드물다. 각계각층에 고루 눈을 돌리려고 애쓴다.

그러니까 죽은 사람보다 산 식구들 이름을 주절주절 내세우는 한국 신문의 부고란은 다른 나라에는 없는 독특한 스타일이다. 큰 이름으로 살다가 작고한 인물은 기자가 따로 챙기고, 독자들에 대한 시중 차원의 부고 모음은 그만 못한 사람이나 필부匹夫 필부匹婦들 차지인 셈이다.

아니다. 경사에는 빠져도 궂은일에는 꼭 참여하는 우리식 '울력문화'의 반영으로 볼 수 있다. 신문의 생색과 독자의 사사로운 정보 획득 욕구가 윈윈으로 만나는 코너다.

누군가의 생을 크게 평가하고 작게 알리는 차이도, 상여 메는 사람이나 가마 메는 사람이나 그게 그거라고 생각하면 되거늘, 이승을 떠나며 못다 푼 사연이 절절하기로는 '부고란 계열'이 훨씬 더하고 재미지리라 믿는다. 생각은 간절한데도 들어줄 상대나 발표할 계제가 마땅찮아 가슴에만 묻어두고 지냈을 공산이 크다. 개중에는 그대로 흘려보내기 아까운 진진한 기록도 있을 것이며, 문학의 내러티브Narrative 형식 또한 그 같은 구술 행위와 긴밀히 닿아 있다. 소통과 접속만 제대로 이루어지면 멱에 꽉 찬 말이 좔좔 쏟아져나오지 말란 법 없었을 게다.

이런 생각을 혼자 되작이던 어느 날, 불쑥 '경청傾聽 볼런티어' 소리를 들었다. 일본 NHK를 통해 그 말을 귀에 담는 순간 나는 우선 얼떨떨했다. 귀만 갖고 하는 자원봉사도 있다니 놀라웠다. 독거노인 얘기를 틈틈이 들어주는 일이랬는데, 가능하면 그걸 차곡차곡 가제본假製本으로 엮어 당자에게 선사한다고 했다. 도우미 노릇의 별스런 개발이 희한하고, 금시초문의 조어가 살짝 우스웠으나 의표를 찌르는 발상으로 괜찮았다. 말이 되는구나 싶었다.

자원봉사자들이 혼자 사는 노인을 찾아 요모조모 돕고 보살피는 모양은 우리네 방송 신문에도 자주 나온다. 김치를 담가준달지 도배를 해주는 선한 인심이 갸륵하다. 그런 일에 비하면 남의 삶을 열심히 듣고 책으로도 정리해주는 작업이 매우 색다르다. 지극히 인문적이다.

NHK는 한 주부 볼런티어의 예를 들었다. 홀로 된 동네 노인(여)을 찾아 이런저런 환담을 나누되, 그녀는 끝까지 듣는 역할에 치중한다. 생각처럼 만남이 쉽지는 않은 듯했다. 허물없는 사이라면 모를까 초면에 당장 마음의 빗장을 열기 힘들 것이었다. 피차 예열豫熱하는 기간이 필요하리라 짐작한다. 의무적 진술과 경청은 생각만 해도 따분하다. 그쯤 되면 당초에 연때를 맞추지 않느니만 못할 거니까.

이런 봉사의 으뜸가는 덕목은 사람의 온기가 기어코 그리운 노년의 말동무 구실이다. 말을 글자로 옮기는 건 둘째 치고, 입이 먼저 썰렁한 말년의 처진 나날을 위무하는 보시로 제격일 테다. 세상으로부터 격리되어 아무도 자기를 원치 않는다는 단절감이 노친네에게는 가장 큰 불안요소일 것이기 때문이다.

'죽을 때는 혼자'라는 연극 대사투 언사를 누가 몰라. 식상할 지경으로 흔히 들었지만, 가족의 품안에서 느끼는 혼자와 적적한 외돌토리로 실감하는 혼자는 엄청 다를 밖에 없다. 말길이 완전히 막히면 더구나 견디기 힘들지 않겠는가.

『자연사 핸드북』의 저자 니콜라스 올베는 그래서 권한다. 죽어가는 환자의 의식이 없는 상태에서도 곁엣사람은 평소와 똑같이 말을 걸라고. 환자는 그래야 의식의 깊은 바닥에서 안심한다고 한다. 환자의 청각은 마지막까지 쇠퇴하지 않고, 감촉이나 냄새 또한 비슷하게 작동하는 예가 보통이라면서……. 명줄이 다해 숨을 놓는 순간까지, 사람들은 그렇게 소통을 마음먹는가보다.

남달리 모진 현실에 자주 직면했던 이 땅에서는 하물며 할 애기가 엔간히들 많을 것이라고 유추한다. 살아온 곡절을 쓰기로 들면 소설책 한두 권으로는 어림없다는 상투적 과장법에 공감할 수조차 있다.

실지로 자기 체험의 과감한 기록이 책방에 수두룩하다. 소설가들이 미처 다가가지 못했거나 간접화법으로 꾸린 창작이 성에 안 차 대신들 나섰으랴. 역사의 어떤 단계를 라이브 수법으로 핍진하게 묘파한 책이 쌨다. 다양한 분야에 걸친 특출한 필자의 등장이 그렇게 판도를 넓혀나간다.

근자에는 또 '이름 없는 필부의 삶'(한 신문의 표제)을 교수들이 녹취해서 만든, 『20세기 한국민중의 구술자서전』(전6권)이 나왔다.

일흔이 넘은 어민, 상인, 노동자, 농민, 이주민 20명의 구술을 모은 이 책은 구술자들의 말을 고스란히 활자화했다는 점에서 가감 없이 생생하다. 사투리는 물론, 토씨 어투 몸짓 하나에 이르기까지 완벽하게 '원음'

을 담아냈다.

가령 해녀 이춘자(66) 씨가 어머니를 따라 구룡포에서 물질을 시작한 무렵의 회상을 보자.

그러니까 엄마 아빠가, 아버지가 많이 편찮으니까 엄마 혼자 벌어가는 무슨 생활을 해나갈 수가 없어 갔고, 형편이 너무 어려우니까 내가 뭐가 배운 게 뭐가 있나. 나도 엄마 따라 인자 해녀 배우러 댕겨야 되겠다 싶어가 학교도 크게 못하고 그때 피난 댕기면서 3학년 댕기다 마 졸업도 못하고 그래가 마 물해. 그거 배우면서 워낙 가정이 쪼이니까 그래 가지고 그때부터 학교도 마 때리치워 뿌고……

이동남 씨(70)도 평생을 '뱃놈'으로 살았다.

내 성이 오얏 이, 이름은 동녘 동 자와 남녘 남 자. 이동남이라고 혀. 본은 전주고, 전주 이씨제. 고향은 진도…… 우리 아버지가 술도가를 하다가 어째게 망해 버려갖고는…… 그라고 학교도 못 댕겼어…… 당시 사립은 4학년까지 다니고 국립은 6학년까지 다녀. 그때는 17살이나 18살 먹은 사람들도 보통학교를 다니고 그랬어. 당시 우리

집 살림이 일류 호세를 누렸었는데, 다 없어져 불고 배가
고픈 게 14살 먹어서 목포로 나왔어…… 내가 그랑께 말
을 차근차근 할라믄…… 하루 이틀에는 안되니까 최소한
도 사흘은 잡아야 하는디……

일제 때 순사부장을 지내고 해방 후 좌익과 맞서다가
지금은 고아원을 차린 사람의 술회도 있다. 반대편에서
활약한 나머지, 시난고난의 세월을 배기며 산 늙은 농
사꾼의 혜식은 구술도 이제는 덧없다.

20세기 민중생활사 연구단(단장 박현수 영남대 교수)
이 지난 2년 동안의 활동 끝에 완성한 자서전은, 거대서
사가 미처 돌보지 못한 소수자들의 역사를 되짚었다.
그들의 구술로 한 세대의 굴곡과 잔상殘像을 당대의 눈
높이로 복원한 노력이 대단하다. 인문학의 여러 분야
학자들이 인류학적 방법으로 해낸 작업성과는 따라서
역사연구의 영역에만 머물지 않는다. 문학이나 영상,
또는 그밖의 예술활동을 돕는 '원자재' 구실로 안성마
춤이려니와, 평범한 사람들의 구술·구전에 알게 모르
게 신세를 지고 사는 문학인에게 특히 돋보인다.

그것은 소재만 다를 뿐, 할머니 어머니가 손자손녀나

자식들에게 들려주던 옛이야기의 한 변형이다. 전래의 웅숭깊은 내러티브로 말을 바꾸어도 좋은 형식이다.

이와 같은 책이 처음 나온 건 아니다. 20여 년 전 『뿌리 깊은 나무』에서 먼저 본을 보였다. 복판에 들 가망 없이 내내 변방만 어정거린 팔도 노인들의 낭창낭창 재미지고 푸짐한, 시들방귀 같은 자기 연민의 한탄마저 주워담은 11권짜리 구술생애사가 그때 있었다. 그 뒤로 여러 가지 역사 구술사가 여러 군데서 꾸준히 간행되었다.

기억할 만한 것을 기억하기에도 정신이 산란한 형편에, 시시콜콜한 삶까지 뒤지고 신경쓸 새가 어디 있느냐면 그만이다. 하지만, 다 늦게 입에 담기 쑥스럽지만, 예술은 그러자고 있다. 상식이 거들떠보지 않는 것들을 거들떠보고, 작은 것을 크게 바라보기도 하는 역전의 억지가, 현실 안에서 현실을 베끼기 바쁜 언론과 다른 점이다.

언감생심 그런 차원은 아니지만 나는 신문의 부고란을 일상적으로 늘 일별한다. 오랜 버릇이 열독으로 굳어, 안 보면 지레 찜찜하다. 아침 행사의 한 부분을 빠뜨린 느낌이 들어 일참日參하듯 챙긴다.

말이 우스울지 모르겠으나 번번이 허탕을 친다. 아는 이름을 자주 발견하기 어려운 까닭이다. 가끔씩 눈에 띌 경우에도 망인이 곧 당자인 경우는 드물다. 친구·지인의 친상이 대부분이다.

션찮은 인사치레를 그나마 못 할까봐 빽빽한 부음의 행간을 아침마다 헤매는가 퍼뜩 자문해보는 수가 있다. 기다고도, 아니라고도 잡아떼기 민망한 어간에, 이 영안실 저 영안실에서 말없이 서로 응시만 했던 불특정 영정들이 서먹하게 어른거린다.

절과 절밥과 성불사

생각하면 어지간히 산을 많이 헤맸다. 어려서는 집이
바로 산 밑이라서 높이가 160미터를 조금 넘는 동산의
품안에 들어 꿈도 따고 희망도 키웠다. 그 자락 안에서
자란 셈이다. 전주라는 괜찮은 도시의 중심지에서 조금
벗어난 완산칠봉 아랫녘이다. 중턱에 칠성암이라는 작
은 절이 있고 봉우리를 넘으면 여승들의 안행사가 있었
다. 따로 등산을 마음먹을 필요 없이 이웃집 드나들듯
두 절을 기웃거렸다. 산 없는 절이 없고 절 없는 산이
있을 수 없다고 믿으며 산간수를 떠먹고 목탁소리를 들
었다. 어른이 된 이후 생활의 일부가 되다시피 한 등산

에서 더욱 그런 생각이 굳어졌다.

명산 대찰의 크나큰 경지를 말해 무엇하리. 작은 산과 작은 절 역시 깜냥껏 절묘한 구도를 이룬다. 열이면 열 죄다 그렇다, 산 아래서도 가물가물 모습을 볼 수 있는 절이 없는 건 아니다, 하지만 산허리를 굽이굽이 돌다 느닷없이 나타난 절의 경이로움이 더 좋다. 이런 곳에는 절이 없겠지 지레 짐작하다가 갑자기 만나는 산문의 반가움은 그럴수록 크다. 그 순간 놀라고 탄복한다. 산세로 미루어 절을 세울 만한 여지가 없겠거니 섣불리 넘겨짚다가, 절 마당에 서면 그게 아니었구나 싶은 것이다. 탁 트인 시야가 과연 기가 막히다는 생각과 함께 '절마다 명당'의 감탄을 새삼 되뇌지 않을 수 없다.

높기로 치면 설악산 대청봉 밑의 봉정암이다. 그다지 높지는 않지만 운길산(경기도 양주군) 수종사의 조망은 시원하다 못해 마음을 닦아내는 기분이다. 발아래 펼쳐진 남한강과 북한강이 서로 인사를 나누는 소리를 듣는 것 같다. 따로따로 흘러온 수수백리 노독을 풀며 다정하게 물을 섞는 양수리를 세 다리가 가로지른다. 쉴 새 없이 자동차가 오가고 이따금 기차가 달리는 장면을 지켜보면서 사람은 어디서 왔다가 어디에서 만나고 어떻

게 헤어지는지를 떠올린다. 오대산 적멸보궁의 아늑함
도 잊지 못한다.

그럼에도 불구하고 나는 언제나 과객에 지나지 않는
다. 정작 마음을 기울여야 할 부처님의 말씀에는 가까
이 가지 않은 채 절을 정신적 차경借景으로 인식하는 수
준이다. 철철이 몰려다니는 등산객이나 관광객을 벗어
나지 못하는 까닭에, 정갈한 경내를 어지럽히는 귀찮은
중생이나 진배없다. 그럼에도 스스로는 절에 닿을 때마
다 무위적정無爲寂靜의 홀가분한 의식에 젖으러 든다. 공
으로 경치를 취하고 아무 때나 들러도 막는 사람이 없
는 열린 공간으로 임의롭다.

맞다. 불교를 입에 올리는 것은 무종교인의 신분으로
참람僭濫하다. 다만 절을 에워싼 경관에 끌려 발걸음을
하는 것뿐인데도 싫은 내색을 전혀 안 한다. 안 할뿐더
러 물도 주고 해우소解憂所도 공으로 내준다. 잠시 두고
온 사바세계를 알맞은 높이에서 전망하는 기분이 한결
한갓질 밖에 없다. 사시사철을 두고…….

하얗게 바랜 햇빛이 띄엄띄엄 늘어선 가람을 눈부시
게 반사하는 한여름은 어떤가. 눈이 소복이 쌓인 한겨
울의 매운 정적은 또 어떤가. 온다는 기별을 미리 띄울

것도 없고 간다는 인사를 날릴 것도 없이 왔다 가는 손 아닌 손의 자유로움은 아무도 상관하지 않기에 더더욱 넉넉하다. 산에 절이 있는 건지 절에 산이 있는 건지 모를 경지가 또다시 흐뭇하다.

하기야 절도 이미 옛 절이 아니다. 담장이라든가 철조망을 상상하기 어려운 시대를 훌쩍 뛰어넘어 이제는 그런 금줄을 펴야 할 필요에 몰린다. 경계를 분명히 하거나 미관을 위해 두를 수 있다. 법으로 정한 입장료를 거두기 위해서도 사면팔방 열어 둘 수는 없었을 게다. 그러나 반드시 그럴 이유가 없는 한적한 절에서마저 어떤 이가 지적한 것처럼 한인물입閑人勿入의 팻말은 좀 뜨악하다. 수련을 쌓는 기간이라면 모를까, 잡인 출입이 싫어 그랬다면 절의 품안도 어느덧 사람을 가리는가 싶다.

시도 때도 없이 드나드는 '잡인'은 아닌 게 아니라 귀찮을 터이다. 맑은 물로 갈증을 달래줄뿐더러 이름 한번 해학적이고 철학적인 '해우소'까지 선선히 빌려주는 마당에 허섭스레기 따위를 흘리고 다니는 속인들이 반가울 리 없다. 그렇다고 절이 사람을 막으면 어쩐다지? 선남선녀는 물론 '잡것'들도 아우르는 산속에 절이 있을 바에야 절 또한 산의 이치를 닮아 나쁠 것이 없다.

어떻든 절과 산의 조화는 이렇게 한데 어울려 내 마음 안에 자리잡고 있다. 절이 시정市井에 나앉는 것도 마다 않지만, 절과 연관된 내 상상의 시작과 끄트머리는 언제나 산과 더불어 살아 있다. 요즘은 힘에 부쳐 큰 산은 엄두를 못 낸다. 동네에서 가까운 야산이나 얼쩡거리는 형편인데, 어느 일요일 모처럼 산에 갔다가 희한한 장면을 목격했다.

그곳 스님께서 오는 사람마다 점심을 먹이는 게 아닌가. 그때 절밥에 대한 기억들이 슬며시 떠올랐다. 고작 풍광으로나 절을 맴돌다가 기껏 먹성으로 돌아가는 켯속이 겸연쩍은데, 같은 밥이라도 절밥은 속인의 수양심리와 연관된 호기심을 불러일으키기 알맞다.

처음으로 절밥을 먹은 것은 아주 어린 시절 식구들을 따라 누군가의 사십구재를 치른 날인데 지금은 잔영조차 가물가물하다. 절밥을 제대로 음미한 것은 해인사 금강굴에서였다. 1971년 겨울, 거기에서 열린 전국 일간지 문화부장 세미나에 동아일보 문화부장 자격으로 참석한 이틀 동안 절밥을 실컷 먹었다. 호텔 아닌 암자에서 신문 문화면 제작자들이 회의를 진행한다는 사실

자체가 우선 운치에 넘쳤다. 시종 절밥을 먹는 재미 또한 색다른 체험이었다.

그런데 곧 물리고 말았다. 첫날은 맛이 다소 씁쓸한 나물무침이며 튀각 등이 오른 상차림이 반가워 허겁지겁 수저를 놀렸다. 계곡물 흐르는 소리와 새 소리에 귀를 씻고, 겨우살이를 하느라 '동안거'에 들어간 격인 자연의 쓸쓸한 아름다움이 뜨내기 객식구들의 식욕을 한층 돋우었다. 하지만 끼니를 계속 이어나가면서 슬슬 딴생각을 품게 되었다. 매번 똑같지는 않지만 비슷비슷한 채식투성이 밥상 앞에서 그 새를 못 참고 고개 드는 소증素症을 어이하리. 안 먹으면 육징肉徵이 일만큼 어육류를 즐기는 식성도 아닌데 그랬다. 속진에 절은 어이없는 한계가 이 아닌가 싶었다. 그러나 눈치 빠르기로 둘째가라면 서러워할 기자들로서도 새우젓 꼬리 하나 건지지 못했다.

그 뒤로도 절밥을 대할 기회는 적지 않았다. 최근에도 몇 차례 변산반도 월명암을 찾아 그때마다 고맙고 맛있게 얻어먹었는데, 같잖게 웃자란 생각을 또 가끔 했다. 종교적 금욕의 발단은 필경 무얼 먹느냐는 것에서 비롯된다는 느낌을 품은 것이다. 호의好衣를 물리친

수도생활은 먹는 행위에 견주어 상대적으로 수월하다 치고, 초식 일색의 악식 단련 과정이 초장엔 무척 힘들 터이다. 길들여지면 그것도 호식好食으로 바뀌는 문리를 체득하게 되겠지만 그게 그리 쉬울라구.

눈을 돌려 일본의 '쇼징요리精進料理'를 본다. '용맹정진'이나 '정진결제'에서 알 수 있는 것처럼 정진이라는 말에 대한 양국의 두 가지 용례는 같다. 선행을 닦는다는 해석에 곁들인 채식의 뜻이 그것인데, 일본에서는 이 음식이 예부터 상업화되었다. 사찰도시 교토 일원에는 특히 정진요리 전문집이 적잖다. 절은 절이로되 이 점에서도 우리와는 다른 것이 너무 많다. 이른바 신도와 불교의 구분 역시 모호하다. 결혼은 신도식이고 장례는 불교식으로 거행하는 사례가 이런 종교환경을 대변한다. 그런 추세가 절 음식까지 상품화한 것이다.

남의 나라 불교의 이상한 환골탈태는 여하간에, 한국의 절은 변함없이 조식粗食하며 불교 본디의 모습을 가장 잘 지킨다. 산이 깊어 더욱 장엄하고 수려하게 비친다.

2000년 가을, 100여 명의 MBC 평양공연단에 섞여 이곳저곳 구경하던 끝에 간 북한의 성불사成佛寺는 여러 가지 면에서 아주 달랐다. 묘향산 묘향사는 많이들 보았을망정 황해도 황주군에 있는 성불사로 남쪽 방문자를 안내하는 일은 드물다고 했다. 행로가 긴 탓일까. 동명성왕릉을 들른 김이기는 해도 아닌 게 아니라 길이 좀 멀었다. 사리원시를 눈앞에 두고 왼쪽으로 흰 비포장 길로 들어서자 나타난 절이 즉 성불사였다. 이름이 '정방사'로 바뀌어 있었다. 절 뒷산이 정방산인 까닭이라던가.

어떻든 상관없다. 말은 안 해도 일행은 다들 이은상 작사 홍난파 작곡인 〈성불사의 밤〉을 생각하는 눈치가 역력했다. 노래에 나오는 '주승' 아닌 주지의 설명을 들으며 6·25전화戰禍로 더욱 퇴락하고 쓸쓸한 경내를 이리저리 둘러보았다. 손이 많이 가지 않아 거무숙숙하게 가라앉은 경내는 폐찰癈刹의 분위기마저 감돌았다. 괴괴한 주변의 깊어지는 적막감을 떨치기 어려웠다. 절 아래 공터에서 가을소풍을 왔음직한 인민학교 아이들의 수건 돌리기 놀이가 그나마 사람의 훈김을 느끼게 만들었다. '주승은 잠이 들고 객이 홀로 듣는구나' 했던 노래는 그 때문에도 달싹거릴 처지가 못되었다.

홍난파가 쓴 『음악만필漫筆』이라는 책의 해설(이상

만)에 따르면 가곡 〈성불사의 밤〉은 1931년에 작곡된
것이다.

바람이 없어 울지 않는 '풍경風磬'이 이은상이 바라본
풍경일 리 만무다. 그럼에도 나는 그 절에 그 풍경을 역
설적으로 동일시하고 싶었다.

전주비빔밥

고향 이미지는 한두 마디로 뭉뚱그리기 어렵다. 풍경, 사람, 경험이 죄 포함될 듯한데, 아무래도 기중 보편적인 것이 음식이다. 자타공인의 향토음식은 말할 나위 없다. 그 정도까지는 안 간다 하더라도 자기만 아는 어머니의 맛이 따로 또 있다. 그건 비교의 차원을 넘는 불가침의 영역이다. 맛자랑이 고향자랑과 맞통하는 연유가 여기 있다. 『전환시대의 논리』『8억인과의 대화』 등을 쓴 리영희 선생의 고향은 평안북도 삭주인데, 이 양반의 냉면 칭송은 놀라울 지경이다. 함흥냉면은 아예 냉면으로조차 치지 않는다. 평양냉면집에서 물냉면이나 비빔냉면이냐를 물으면 종업원이 무안할 만큼 타박한다. "냉면, 하면 으레 물냉면이지 무슨 딴소리를 하고 있느냐"고.

기억의 재고량을 누구나 모조리 끄집어낼 수는 없다. 특수한 조건 속에서 살아남은 강도 높은 체험의 단편들만이 몫몫의 앞가림을 하려니와, 사람의 세 치 혀와 머리가 합동으로 저장하고 있는 그런 회상장치는 컴퓨터 찜쪄먹을 때가 많다.

비빔밥과 콩나물 해장국의 고장에서 태어난 내 '식복의 행운'은 따라서 더 들먹일 것이 없다. 남들이 어릴 적 추억에 곁들여 은근히 제 고장 음식을 자랑할 때마다 넉넉한 마음으로 웃고 있으면 된다. 함박눈이 펑펑 쏟아지는 깊은 겨울밤, 뜨끈뜨뜬한 아랫목에 엉덩이를 지지며 습습한 평양김치 국물에 냉면을 말아먹던 '이바구'를 그러려니 들어넘긴다. 제육 다루는 솜씨로 말하면 타의 추종을 불허하는 개성 출신들이 꽃처럼 예쁘게 썬 보쌈김치와 더불어 제육을 씹을 때의 황홀한 맛을 토로할 때도 '그러시겠지' 여유를 부린다.

다른 지방으로 출장을 가라면 마뜩찮게 여기던 직장인이 전라도, 그중에서도 전주로 출장을 가라면 얼른 나선다는 소리를 들을 땐 일부러 겸양을 떤다. 그것이라고 예전 같겠느냐고 물러서는 척하면서 속으로 딴전을 피운다. 그만한 평판이 하루이틀에 다져졌겠느냐는 자긍과 함께, 굳이 입을 열지 않아도 되는 맛의 기득권을 힘 안 들이고 계속 확보한다. 이런 유의 지역감정은 얼마든지 있어도 좋다는 자세로.

그러나 이제는 때때로 회의한다. 전주비빔밥과 해장국의 저런 변모를 이해하기 어렵다. 잘 된 건지 이상하게 바뀐 건지 오히려 걱정스럽다. 콩나물해장국은 너무 뜨겁다. 성급히 떠넣었다간 입천장 데기 알맞다. 국물은 말갛고 시원해야 하거늘 한증막에 틀고 앉아 억지 발한發汗 연습을 하듯 땀을 뻘뻘 흘린다. 그래야 속이 풀린다는 전투적 식성이 지나치다. 가벼운 아침 요기의 원래 취의趣意가 무색하다. 양 또한 많아 위에 부담을 주기 쉽다. 계란을 풀고 이것저것 양념을 많이 섞어 담백한 맛을 탁하게 만드는 것도 좀 그렇다. 새우젓도 육젓 추젓을 꼭 가릴 건 없되, 되도록 삭은 것이 나은데 구별하기 힘들다. 세월과 함께 입맛도 바뀌는 것이 세상 내력이므로 해장국이라고 언제나 그 모양일 그 맛일 수는 없겠지만 변화가 너무 심하다.

옛날처럼 식은밥을 싸가지고 와서 콩나물국만 사먹던 시절은 물론 아니다. 서울서는 카페 단골이 마시다 남은 양주병을 맡기듯 해장국집에 '자가용 뚝배기'를 두고 다녔다지만(조풍연 지음, 『서울잡학사전』) 전주서는 드물었다. 집에서 먹다 남은 식은밥을 가져가는 예가 있었을 따름이다. 밥주발을 내밀면 여자쥔이 끓는 국물로 밥을 토렴한 뒤, 부뚜막에 말린 통고추 하나를 손바닥 안에 넣고 바삭 소리나게 부수어 뿌렸다. 간밤의 술로 부담이 간 속을 풀고 같은 명분으로 한두 잔의 술을 곁들이기 위한 술국에 다름 아니었다. 보통 술자리에서는 술잔이 짝수로 끝나는 걸 피했지만 해장술은 두 잔이 원칙이었다.

어쨌거나 콩나물로 술국을 끓이는 내림은 전주가 시초였던 셈인데, 물론 지역마다 다르다. 해장국 재료엔 왕도가 따로 없는 것이다. 부산 지방은 투명하게 맑은 복국에 파란 미나리 이파리 몇 잎을 띄운다. 특히 영도 것이 괜찮다. 같은 전라도이면서도 광주는 콩나물국 대신 '폄푸집' 추어탕이 있고 또 다른 집의 낙지연포탕이 제격이었다. 서울 청진동의 선지해장국은 더 언급할 필요가 없거니와, 전에 있었던 '따귀집'(뼈다귀집)이 사라진 것이 아쉽다.

5·16 이전 한 신문사에서 조·석간 신문을 동시에 발간하던 무렵, 조간 제작을 마치고 신새벽에 달려간 따귀집의 쪽쪽 빨다 버린 '우골'더미라니. 근자에 다시 생긴 따귀집은 고기 반, 뼈 반이어서 옛 맛이 안 난다.

다른 나라라고 해장술이나 해장국을 먹는 관습이 없을까. 있단다. 서양서는 행오버hang over 즉 '골 때리는' 작취미성을 다스리기cure 위해 포도주 따위의 '모닝 드링크'를 걸친다던데, 이때 마시는 술을 '아이오프너eye-opener'라고 일컫는 것이 재미있다. 우리가 정월대보름날 아침에 마시는 술을 '귀밝이술耳明酒'이라고 하는 것에 견주면 일종의 '눈밝이술'인 폭이다. 술국은 수프가 고작이다. 일본으로 가면 이 해장술의 별칭이 '무카에 사케迎え酒'로 바뀐다. 아침을 맞이하는 술이라는 뜻이겠다. 해장이 직설적으로 술기를 푼다는 의미를 지닌데 반하여 제법 멋을 부리긴 했으나 그게 그거다. 프랑스 소설에 자주 등장하는 반달 모양의 크루아상Croissant에 우유를 곁들인 걸 그쪽서는 해장감으로 치는 수가 있다. 이제는 한국에 앉아서도 손쉽게 대면하게 되었다.

해장국으로 아침을 때웠으면 점심이나 저녁은 의당 비빔밥을 먹는 것이 명물 음식의 순서이겠다. 전주 하면 비빔밥을 연상하고 비빔밥 하면 전주를 떠올리는 성가聲價야 어디 가랴만, 전국 어디에서나 있는 유사 비빔밥과의 경쟁을 뚫고 전래의 독자성을 확보하는 일이 그리 쉽지 않은 모양이다. 개량이 지나쳐 곱돌그릇에 뜨겁게 달군 비빔밥 족보가 의심스럽고 안타깝다.

북한에서 발간된 『자랑스런 민족음식』이란 책은 그쪽 음식을 주로 다루고 남한 것은 '특색 있는 지방음식'이란 항목을 설정, 약간씩 소개하고 있다. 여기서도 전주비빔밥을 맨 먼저 언급했다.

전주비빔밥은 갖은 나물과 함께 쇠고기를 다져서 넣고 밥을 비벼 내는 것이 특색이며, 이 지방에서 나는 김을 구워 비벼서 놓는 것이 또한 다른 점이라고 할 수 있다.

쇠고기를 다져 넣는다는 설명이 맞기는 맞는데 그보다 필수적인 아마도 육회는 왜 빠졌을까. 비벼 낸다는 대목은 예전 방식을 염두에 두고 하는 소리 같다. 아무튼 전주비빔밥의 명성을 북한에서도 인정하고 있는 형편인데 육당 최남선은 견해가 다르다. 그는 『조선상식문답』의 '지방적으로 유명한 음식'에서 비빔밥은 진주晉州를 꼽고, 전주의 경우는 콩나물만을 들었다. 호암 문일평이 개성 탕반, 평양 냉면, 전주 골동반(骨董飯＝비빔밥)을, 매식을 기준으로 본 지방의 3대 명식품으로 지적한 것과는 조금 차이가 있다.

그렇다면 진주 비빔밥의 맛은 어떠한가. 진주에 가서 먹어본 이는 알겠지만 콩나물 대신 숙주를 쓰는 것이 다를 뿐, 여간해서는 구별하기 어려운 게 사실이다. 그 중에서도 명물로 손꼽히는 시장거리 비빔밥집을 찾아갔을 때도 비슷한 느낌이었다. 다소 걸쭉하달 만큼 재료를 많이 쓰는 점이 특이했다. 비록 진주만이겠는가. 여러 가지 내용물을 한데 섞어 비비는 음식의 특성상 웬만한 정성과 연구로는 독자적으로 색다른 맛을 내기 힘들다. 게다가 현대인의 식성이 오죽 까다로운가. '아키바레'나 '칼로스' 쌀로 지은 밥맛에도 성이 차지 않는 고급 식성은 꽁보리밥에 열무김치 몇 가닥 넣고 막된장을 끼얹어 썩썩 비벼 먹는 풍미를 더 치는 지경에 이르렀다. 잃어버린 향수를 혓바닥으로 '농락'하며 복잡한 맛의 델리커시를 확인하는 '반문명'을 갈망하는 푼수라는 얘기다.

따지고 보면 비빔밥의 유래 자체가 호사스럽지 않다. 음식의 역사가 대강 그렇듯 뚜렷한 연원이 밝혀지지는 않았으나 지극히 대중적인 음식임에 틀림없다. 『백미백상百味百想』의 저자 홍승면 선생은 어느 임금이 난리를 피해 몽진했을 때 수라상에 올릴만한 반찬거리가 없어 할 수 없이 밥을 비볐다는 '설'을 믿을 수 없다고 썼다. 만일 그랬다면 '도루묵'의 재판이 될 뻔했다. 또 제사를 지낸 다음 갖가지 음식을 고루 섞어 나눠 먹는 신인공식神人共食의 절차라든가, 입춘날의 시식時食인 신감채(辛甘菜, 달래·쑥·파·무)의 새순을 잘라 무쳐 먹던 내림으로 추리하는 견해도 있다(이규태 지음, 『한국인의 생활구조1』).

우리 비빔밥에 해당하는 일본 비빔밥으로는 '가야쿠메시加藥飯'나 '고모쿠메시'가 있다는데 시식해보지 못했다. 다만 요즈음 흔해빠진 왜식 우동집에서 '고모쿠五目우동'이라는 걸 더러 먹어보고 짐작할 따름이다. 갖가지 야채와 고기를 섞은 그들의 비빔밥이라는 것을.

놋쇠 대접에 담긴 전주비빔밥은 우선 색채가 아름답다. 선홍빛 육회와 치자나무 열매로 물들인 샛노란 청포묵에 슬쩍 데친 미나리 빛깔, 그리고 까만 김가루의 대비가 그만이다. 그 밑을 살찐 콩나물이 받치고 있다. 청포묵을 써는 방법도 중요하다. 길이는 콩나물 키 정도라야 알맞고 굵기는 이팔청춘 처녀의 손가락 수준이 제격이다. 요것들을 주축으로 하여 그 음식점이 자랑하는 고명이나 양념을 몇 가지 넣고 빼는 비법의 자유 재량이야 마다하지 않되, 반숙란이나 날계란 등속을 곁들이는 건 질색이다. 전래의 격식이 아닐 뿐더러, 입 안을 텁텁하게 만들기 때문이다.

사람마다 취향이 다르겠으나 먹는 쪽에서 비빔밥을 비빌 때도 다소 요령이 필요하리라. 일본에 있는 한식집에서 비빔밥을 시켜 먹는 손님들의 비빔 솜씨를 보면 국적을 짐작할 수 있다는 이야기가 있다. '잇쇼겐메이'(열심히) 비비는 건 한국인이요. '살살' 비비는 건 일본인이란 뜻인데, 까짓 우스갯소리는 무시해도 한 가지 유념할 게 있다. 밥알을 너무 으깨면 맛이 떨어진다는 점이다. 그러자면 알맞은 밥의 진기가 전제되어야 한다.

요컨대 음식의 궁극적인 맛은 만드는 자와 먹는 자의 합작품이다. 그러나 만드는 쪽의 정성스런 마음이 훨씬 더 중요하다. 아무리 '간사한 구미'를 좇을 수밖에 없다 하더라도 지킬 건 지키고 보탤 건 보태야 생명이 긴 음식으로 남을 수 있다. 뿌리가 흔들리면 죽도 비빔밥도 안 된다.

미안한 말이지만 만인의 입에 맞는 음식은 엄밀한 의미에서 음식이 아니다. 음식의 개성을 들먹이기 전에 꿩도 매도 다 놓칠 공산이 크다. 그런 것은 맥도널드 형제의 햄버거나 콜라 사이다류로 족하다. 원천적으로는 같되 현실적으로는 다른 것들의 집합이 더욱 튼튼한 융합을 가져올 수 있다는 원리를 음식만큼 잘 나타내는 것도 드물다. 마침 김지하 시인이 바로 그런 정서를 노래했다. 「김치 통일론」이라는 시다.

통일하는 데 있어서
김치가 필요하다는 이론을 제기한 사람은 없다
김치야말로
통일의 지름길이다
짜건 싱겁건
동치미든 젓김치든
김치의 맛은 기본적으로 동일하다

이렇든 저렇든 참삶은 마찬가지이듯
김치를 주의해라
김치를 통해서
김치의 맛의 일치성을 통해서
통일을 생각하는 자는 믿어도 좋다
기타는 기타는 기타는
사기꾼이다.

옛날식 문화부장

근 30년 신문기자 생활을 하는 동안 문화부 데스크로만 지난 세월이 17년쯤 되었으므로 할 말이 있다면 있다. 하지만 도무지 쑥스럽다. 다 아는 묵은 애기를 옛날식 다방을 회상하듯 새삼스럽게 옮긴다는 것 자체가 면구스럽고, 그동안 겪고 본 것을 재생시킬 만한 기억의 영세성이나 비망備忘의 불모가 무참하다.

기록을 늘어놓기 위해 옛 동료도 더러 만났다. 그들의 총명을 빌어 진작 생각하지 못했던 점, 미처 기억해내지 못한 일들을 벌충하여 어줍잖은 회상을 엮는 데 참고하려 함이었다. 소득은 미미했다. 몇 가지 사소한

에피소드, 몇 가지 단편적인 것들을 산만하게 서로 주워섬기다 말았다.

이 분야에 대한 기록을 한 권의 책으로 묶었으면 하는 욕심을 가져본 적이 있었다. 그런 동기를 유발해준 건 일본 『아사히신문』의 다케다 미치타로 기자가 쓴 『미술기자 30년』이라든가, 『마이니치신문』의 후나도 고키치 기자의 『화단-미술기자의 수첩』 같은 책들이었다.

한데 그런 생각을 뒷받침할 만한 머릿속 메모가 빈약하고 체계가 엉망이라는 사실 앞에서 쉽게 기죽고 말았다. 물론 마음만 있다면 해낼 방법이 전혀 없는 건 아니었으나 그밖의 여러 이유로 일찍 접었다.

그중에 제일 염려되는 것이 책에 등장하는 인물들이 내용을 널리 이해하고 넘어가 줄 것인가 하는 문제였다. 변명이라고 할지 모르나 우리 문화 풍토는 자신의 흠집을 조금이라도 건드리면 가만두지 않는다. 어떤 기록이나 비화가 선남선녀의 가행佳行만을 다루지 않는 바에야 누군가는 가볍게 웃어넘길 정도의 '베드 가이' 쪽에도 잠깐 서주어야 하는데 그것을 감당하지 못한다. 그들의 반격을 배짱 좋게 받아넘길 저자 또한 드물 터이다.

　독불장군 예술가를 상대하는 문화부 기자나 데스크는 이 점에서 유난히 신경을 곤두세워야 한다. 아닌 말로 모두가 한가락씩 하는 사람들을 대상으로 제작한 나날의 지면 역시 칭찬보다 불평을, 호평보다는 말썽을 자칫 사기 쉽다.

　밀실에서 고독한 작업을 하는 예술인 특유의 오만이나 자존심 때문이다. 그런 자존심은 당연하고 또 당연하지만 담당자는 그 부분이 때때로 버겁다.

　서두가 장황해졌다. 요컨대 이 글줄은 마음만 먹었다가 게으르고 용기가 없어 자기 얘기로 내뺀, 한 문화부 데스크의 부질없는 넋두리나 다름없다. 문화저널리즘의 지난 시절을 개인 차원에서 돌이킨 왜소한 기록이다.

　신문기자가 되고 싶어 한 것은 대학 2학년 때였다. 적극 원했다기보다는 마침 눈에 띈 조선일보의 견습기자 모집 광고에 먼저 끌렸다. 53년이었을 것이다. 학생 신분에 주제넘은 짓이었다. 시험에 붙기도 어려우려니와 막상 합격한다 해도 대학 재학생을 받아주기는 할지 의

문이었다. 응시자격 또한 걱정되었다. 하지만 일단 덤벼나보자는 생각으로 지원서를 냈다.

전쟁 직후라서 매사가 느슨하고 엄하게 맺고 끊는 데가 없었던 탓인지 모른다. 접수창구는 퇴짜를 놓지 않았다.

시험장소는 소공동에 있던 치과대학이었다. 그 건물이 나중에 어떻게 변했는지 모르겠으나 당시는 서울대학교 치과대학이 거기 있었다. 경사진 계단식 강의실에서 치른 시험과목은 영어·국어·상식·논문, 뭐 그런 것들이었다.

며칠 후, 지금 코리아나호텔 자리에 있던 조선일보 게시판에 써붙인 합격자 명단에는 내 이름도 들어 있었다. 1차합격이다. 조선일보로서는 그때가 제1기 견습기자 시험이었던 모양이다.

1차합격자는 이틀 후에 출두하여 면접시험을 보라는 단서가 붙어 있었다.

애초에 먹은 생각과는 달리 많이 망설였다. 학교 공부가 있으니 붙박이 야간 근무로 돌려달라고 사정을 해볼 것인가, 될 법도 하지 않은 일이니 일찌감치 포기하고 말 것인가를 놓고 고민했다.

그런 고민을 안은 채 다동에 있는 출판사(백영사)를 찾아갔다. 그 출판사는 이병도 『국사대관』을 내는 둥 당시로서는 꽤 이름이 알려졌던 곳이다. 거기에는 내가 전북일보에서 학생기자로 아르바이트를 할 때 기자생활을 하던 이경훈 선배가 총괄 책임자로 근무하고 있었다. 이 선배는 사장 백남홍 씨와 경성사범 동기동창이었다.

사정 얘기를 들은 이 선배는 그러고 저러고 할 것 없이 내일이라도 당장 출판사에 나와 같이 일하면 어떻겠느냐고 제의했다. 불감청이언정고소원이었다. 면접시험에 통과하기도 어렵겠거니와 신문사가 말도 안 되는 청을 들어줄 리 만무하다고 믿으며 당장 호의를 받아들였다.

이렇게 해서 기자질과는 인연이 멀어지는 듯이 보였다. 그러나 기어코 신문사 밥을 먹고살라는 팔자 탓이었던지 또 한번 그런 기회가 찾아왔다.

3년 동안의 백영사 편집장 생활을 마치고 몇 안 되는 잡지 중에서, 그리고 여성지이기는 해도 어느 면에서는 종합지 구실까지 하던 『여원』 편집장을 3년째 하고 있을 때였다. 동향의 임방현, 김철순 선생이 찾아와 김 선생의 집안 어른이자 자유당 국회의원이었던 김원전 선생이 새로 운영을 맡은 세계일보의 문화부장으로 와달라고 했다. 기자도 아니요, 차장도 아니요, 대뜸 부장으로 데려가다니 과분한 일이었다.

하지만 적극적으로 나설 생각이랄지 마련이 미처 없었다. 당장 하고 있는 일도 일이려니와, 그때는 또 대학원 1년을 마치고 논문만 내면 석사를 따는 처지였던지라 마음이 선뜻 내키지 않았다. 장차는 대학 선생으로 나갈 요량이었기 때문이다.

하다가 슬며시 생각이 바뀌었다. 활자에 대한 매력에도 적당히 인이 박힌 때라서 신문이라는 더 큰 운동장에 가서 놀아보는 것도 괜찮을 것이라는 쪽으로 마음이 기울었다. 논리적이지 못한 머리로 학자가 된들 어느 세월에 제구실을 할 것인가 하는 회의도 일어 58년에 세계일보 문화부장으로 입사했다.

세계일보 회장으로 취임한 김원전 선생은 제호를 바꾸는 것은 물론 사람도 전면적으로 갈아 끼울 작정이었다. 자신이 경영하는 제지회사를 바탕으로 이런 일련의 작업을 수행해 나갔는데 나도 그런 전초부대의 일원으로 불려갔던 셈이다. 전에 있던 편집국원들은 전원 사표를 수리했다. 문화부에는 황운헌·이흥우 씨만 남아 있었다.

곧 견습기자를 뽑아 여기자 한 사람을 배정받고 문화부 기자를 보강하기 시작했다. 박성룡, 이구열, 정인섭 씨 등이 그때 들어온 분들이다. 연출가로 활동하기 전의 김정옥 씨도 약 1년간 함께 일했으며 번역 원고를 맡는 프리랜서로 박석기 씨가 또 있었다. 석간 11단 조간 10단, 하루에 21단이라는 광활한 문화면을 메우자면 그 인력으로도 벅찼다. 문화 활동이 드물고 션찮은데다 광고마저 흔치 않던 때라 그렇게라도 하지 않으면 지면을 채우기 힘들었다. 세계일보는 곧 민국일보로 개제改題하고 편집국이 완전 개편되었다. 천관우 편집국장, 조동건 부국장을 사령탑으로 해서 거의 전원이 바뀌다시피 했다. 생각나는대로 적자면, 송건호·이혜복·노석찬·임방현·조세형·이목우·조동오·남재희·김경환·남욱·서동구·임홍빈·정인량·김중배·유혁인·최영철·권도홍·계창호·김성우·조동오 씨 등이 논설위원과 편집국 멤버로 포진하였다.

계창호 씨는 나와 함께 문화부 데스크를 맡아 거의 혼자서 ‘논단’ 페이지를 만들었다. 매일 매일의 필자 선정이 어려웠던 만큼 도하 신문 중에서는 유일한 기획으로 타지의 주목을 끌었다. 사외 필자의 칼럼란으로 독보적이었다.

막상 문화부 데스크를 맡고 나서 어떻게 지면을 꾸려나가야 할지 막막한 대로 우선 그때까지 등한시되어 오던 문화면의 뉴스화에 중점을 두었다. 나름대로 우리나라 신문 문화면(그 전엔 학예면)의 내력이나 맥락을 짚어보면서 새로운 제작의 핵심이랄까 좌표를 설정하고자 했다.

그즈음 열린 전국 신문·통신사 문화부장 세미나에서 주제발표를 통해 지적하기도 했지만, 일제시대를 포함한 50년대 전반까지의 우리 신문 문화면은 기자의 취재기사가 거의 없었다. 기명기사를 위해 자리만 내주는 역할에 그쳤다. 기자 구실은 청탁한 원고를 운반하는 게 다였다고 해도 과언이 아니었다. 그런 사정을 조금 구체적으로 살펴보자.

△ 1920년대 : 독립된 문화면이 없었다. 4면 가운데 3면인 사회면에서 셋방살이를 했다. 다루는 분야는 학예·미술·음악·종교 등 그런대로 넓었으나 이상하게

도 가장 중점을 둔 것이 종교(월 평균 30건)였다. 간간이 사회면 톱 또는 피처로 계몽성을 띤 신여성문제, 청소년의 향토운동 등을 크게 다룬 것이 문화면과 그나마 연관된 것으로 볼 수 있다.

20년대 후반부터 지면이 6면으로 늘면서 문화면이 비로소 한 면을 차지하고, 주로 '가정'이란 전면 표제를 달고 가정 위주 계몽기사를 많이 실었다. 이 시절은 민족자결과 국민의 계몽이란 점이 크게 부각될 때였기 때문에 문화면 제작도 자연히 이런 사명감과 목적의식에 집약되었다.

종교기사가 잦은 것도 당시의 민족자결 운동이 종교조직을 빌어서만 가능했기 때문이며, 과학 발명기사가 많았던 것은 과학에 대한 인식을 높이기 위한 계몽 차원이었다. 그리고 여성의 인권에 대한 신문의 지도성이 돋보였다.

△ 1930년대 : 종전의 '가정' 중심 제작이 차차 '학예'로 바뀌고 연재소설, 방송프로, 만화 등이 본격화했다. 그러나 학예기사는 기자가 취재해서 쓰는 건 없고 저명인사의 수필, 시, 기행문이 고작이었다. 이 같은 문약文弱취향은 30년대 후반에 한층 심했다. 30년대 초기

에는 그래도 우국의 명문이 이채로웠으나 후기로 가면 자조 비탄의 글이 많이 나온다.

한가지 주목할 것은 이 무렵부터 영화나 연극기사가 사진과 함께 대서특필됐다는 점이다. 예술기사가 주관적인 비평보도로 기울어지는 경향을 볼 수 있다.

독립운동과 알게 모르게 연관을 갖던 종교나 청년활동 기사는 조금씩 퇴색하고 특집 연재기사가 감각적 편집 솜씨로 나타나기 시작했다. 취재망도 일본, 만주에까지 뻗친다.

일제의 탄압으로 20년대와 같은 제작이 불가능한데다 계몽성 또한 위축된 까닭이 크다. 그 결과 퇴폐적인 잡문이 많이 실리고 '지식인 귀족'에게 지면을 전적으로 내주는 추세가 두드러졌다.

△ 1940년대 : 전반은 신문이 없었고, 해방 후의 문화면은 광복을 구가하는 정도의 소극적인 위상에 머물렀다. 기교나 다루는 범위나 분량에 있어 30년대보다도 못했다. 나름대로 격동기를 반영하고 특정 신문의 이념에 알맞은 글이나 기사가 나올 법도 한데 영 힘을 못 썼다. 지면을 온통 정치에 빼앗겨 신탁통치로 나라 전체가 법석을 떠는 마당에 문화면에는 병아리를 미화하는

한가한 수필이 실리는 경우마저 있었다.

형편을 이해할 수 있을 것 같기도 하다 독자들의 최대 관심사는 눈앞의 정치적인 사건이나 배경이었고, 신문사의 조직도 거기 알맞게 짜여 있는 터에 '문화'가 설 땅이 어디 있겠는가.

4·19와 5·16 때 그런 경험을 했다. 난감하기 짝이 없었다. 1주일 가량은 4·19를 찬미하는 시나 수기, 그리고 기고 등으로 어찌어찌 꾸려갈 수 있었지만, 그 이후부터는 그와 연관된 기사나 필자를 더 동원할 수가 없었던 것이다. 시나 기고도 하루이틀이지 노상 똑같은 얘기를 되풀이할 수만은 없지 않은가.

이런 점에서 문화부 기자는 세상을 뒤집는 정치적 사건이 일어날 적마다 자기가 맡고 있는 면의 초라함을 절감하기 마련이다.

아무리 사회적으로 큰 변동이 일어났다 하더라도 그날로 시민의 일상이 정지되는 것은 아니니까 역사적인 사실들이 다른 지면을 먹칠하다시피 메울망정 '요리'나 '화장', '문학', '영화' 기사가 실렸대서 새삼 기이할 것이 없다. 하지만 담당자의 무력감은 언제나 여전하다.

△ 1950년대 : 어떤 점에서는 옛날보다도 더 후퇴했

다. 문필가들에게 완전히 맡겨버린 시대였다. 또 예술하는 사람들끼리만 알아들을 수 있는 대화의 광장이었으며 비평이 제법 활발해서 이따금 논쟁도 벌어졌다. 당시는 문화부 기자랬자 두 명이나 세 명이 고작이었으며 원고를 얻어 나르는 발품이 하는 일의 전부였다. 문제성이나 뉴스성은 물론 왕년의 계몽성까지도 무시된 채 국한된 독자만을 대상으로 지면을 꾸렸다. 이런 안이한 제작 태도에 대한 반성이 시작된 것이 1950년대 말기부터다.

리모델링한 신문의 문화부 데스크로 새롭게 일을 시작한 것이 이 무렵이었다. 오해하지 말아야겠다. 문맥상 마치 내가 그런 전환기에 신문사에 들어가 제법 한몫이라도 해낸 것처럼 보일까 두렵다. 고백하거니와 나는 그때까지 신문의 '신'자도 모르는 풋내기였으므로 겁을 잔뜩 집어먹고 있었다. 다만 궁리했다. 새로운 일을 맡은 이상 자신의 자리가 어느 만큼의 위치에 와 있는가를 알기 위해 지난날의 신문 문화면을 정리하고 앞으로의 일에 대처해나가고 싶었을 뿐이다. 어떤 변화는 시대의 추이나 상황에 따라 자연스럽게 이루어지는 것

이지 어느 한 구석에서 독불장군처럼 삐져나오는 것이
아니기 때문이다.

문화부팀이 구성되자 우리는 우선 기고기사를 지양
하기로 했다. 직접 취재하고 목격한 일을 우리 손으로
쓰는 작업을 시작하기로 작정하고 상의하였다. 다른 부
의 기자들처럼 발로 쓰자는 것이었다.

우선 그 무렵까지만 해도 문화부 기자의 손이 전혀
뻗치지 않았던 세미나나 강연기사도 취재하기로 했다.
요즘이야 세미나가 너무 흔한 까닭에 여간해서는 거들
떠보지조차 않지만 그 당시는 (자꾸 '그 당시'라는 말을
쓰기가 스스럽다.) 강연이나 세미나가 가물에 콩 날 정
도로 드문드문했다. 물론 지금처럼 깨끗이 인쇄된 주제
논문이 미리미리 신문사에 배포하는 친절을 기대하기
어려웠으므로 기자가 현장에 가서 몇 시간이고 취재를
해야 했다. 당연히 토론 내용까지 포함해서 말이다. 이
런 태도는 지금도 마땅하다고 생각한다. 토론 내용은
물론 현장에 가보지도 않고 책상에 앉은 채로 텍스트를
세미나에 앞서 베껴내는 자세는 너무 경박하지 않은가.

건방지게(?) 문화부 단독으로 여론조사라는 것도 실
시했다. 요즘처럼 대학의 연구소에 많은 돈을 주고 의

뢰하는 것이 아니니까 초라하기 짝이 없었으나 하루치 지면을 장식하는 데는 그럴듯했다. 언뜻 생각나는 것이 '당신은 일요일을 어떻게 보내십니까?'란 것과 '교복자율화' 등이다. 그리고 4·19 직후 국가, 국기, 국화를 새로 제정하자는 무드를 반영하는 조사 따위를 했는데, 조직력과 기동력이 약하니까 50명에서 1백 명 가량의 저명인사에게 앙케트를 띄워 집계할 밖에 없었다. 부원들이 여관에 머무르며 밤을 새워 정리했다. 그때 국화를 진달래로 하자는 주장도 나왔으며 상당수가 이에 동조했던 기억이 있다.

매주 일요일엔 또 특집판을 냈다. 한 테마를 집중적으로 요모조모 짚어보는 것이었다. 한국일보가 좋은 경쟁상대였다.

그 다음에 힘을 들인 것은 이른바 '리뷰'로 통칭되는 각종 비평의 활성화였다.

오랫동안 문화부장을 하면서 이 '평'에 대해 무척 신경을 썼다. 어느 시기엔가는 우리도 외국신문처럼 '리뷰'를 잘하고 못하는 데에 신문 문화면의 성패가 달려 있다고 보았다. 그 생각엔 지금도 변함이 없다.

민국일보 시절엔 그런대로 이 '리뷰' 기사를 잘 운영

해나갔다. 음악은 우리가 손대기 힘들어 최영환 씨에 이어 김형주 씨를 고정 평자로 내세우고, 연극·영화는 김정옥·황운헌 씨가 맡았으며, 미술은 이구열 씨가 전담했다. 특히 미술은 코리아헤럴드의 천승복 씨에 이어 이구열 씨가 그 방면의 선두주자가 아닌가 싶다.

영화평은 50년대 말에서 60년대 전반까지 전성기를 이뤘다고 봐도 무방하다. 동아일보의 호현찬, 한국일보의 이명원·임영, 조선일보의 정영일, 경향신문의 김진찬, 서울신문의 신우식, 민국일보의 황운헌 씨 등이 서로 경쟁을 했다. 같은 영화를 놓고 이들이 선의의 경합을 벌였다. 서로의 우의도 두터웠거니와 영화평 하나 쓰는 걸 마치 한 편의 시나 소설을 쓰듯 심혈을 기울이는 것을 볼 수 있었다. 특히 나와 함께 일한 황운헌 씨는 영화 제목만 써놓고 한 시간 가량을 우두커니 앉아 상想을 고르던 모습이 생각난다. 지금 내 수중엔 없지만 그의 〈흑인 올훼〉 평은 그의 시인 기질이 담뿍 담긴 좋은 영화평이었다고 기억한다.

'문화인 호평'처럼 칭찬 일변도로 나가다가 마지막에 가서 '일독一讀을 권한다'로 끝나는 서평에 불만이 생겨 책에 대한 익명서평도 시도해보았다. 1주일 또는 2주일에 한 번씩 전문가에게 서평을 의뢰하되 특정 평자는 6 개월이면 6개월, 1년이면 1년 동안 그 난欄을 맡는다. 서평 말미에 일일이 이름을 밝히지 않고, 어느 기간 동안의 필자만 한꺼번에 밝히는 식이었다. 책의 종류와 필자의 전공을 감안하면 대개 자기 책에 대한 평자가 누구인가를 짐작할 수는 있되, 그렇게라도 해서 서평의 공정성을 유지해보려 한 것이다. 신문사 기증본 관례가 보편화되지 않은 때였으므로 서평 대상으로 선택한 책의 대부분은 서점에서 신문사 돈으로 직접 구입하여 평자에게 우송했다. 이 기획은 동아일보에 와서도 써먹었다. 마침 내 스크랩북에 있는 그 당시의 서평란 중 '편집자 주'만을 옮겨보면 이렇다. (1969년 3월 4일자.)

이 서평란은 신간서 중 각 부문별로 본사가 선정, 사계 전문가들에게 평을 의뢰했다. 이번 서평자의 이름은 후에 일괄 발표하며, 지난 6월 이후 전회前回까지의 필자는 다음과 같다. 김우창·박동묘·박동서·박동운·석도륜·유한철·이한기·이홍직·이희봉·장덕순·전광용·정명환·정용섭·조기준·천관우·최일남·홍이섭(가나다順)

‘편집자 주’대로 책은 문화부가 선정하고 평자에게 공평한 평을 부탁했지만 모두들 점잖게 써주어서 그다지 혹평은 없었다. 부족한 점을 지적하는 정도에 그쳤다.

그런데도 불만을 갖는 사람이 적잖았다. 그런 불만은 평자의 이름이 없어 데스크가 받게 마련이었다. 어떤 사람은 글투로 보아 아무개가 쓴 것 같은데, 그 자가 나한테 그럴 수가 있느냐고 간접 항의하기도 했다.

비단 서평뿐 아니라 다른 평에 대한 항의도 꽤 받았다. 그럴 때마다 거꾸로 요구했다. 말로만 불평 구체적으로 글로 써오면 얼마든지 신문에 실어주겠다고 해도 막상 써오는 사람이 없었다.

동아에 있을 때였다. 한번은 자기 개인전에 대한 평이 좋지 않게 나간 유명 화가가 찾아와 항의했다.

“평론가와 짜고 나를 죽이려는 거요?”

이 바닥에서 평을 한다는 게 얼마나 난감한 일인가를 재삼재사 실감하게 만들었다.

경향신문에 있을 때 일이다. 해외 비엔날레에 출품하는 작가 선정을 놓고 신문에서 시비를 따졌더니 그중 한 사람이 밤에 사장집으로 전화를 걸어 당장 그 기자의 목을 자르라고 호통을 쳤다. 그 사실은 다음날 편집국에 내려온 사장이 '그 사람 미친 사람'이라는 전제를 달고 얘기해줌으로써 알게 되었다. 편집국장 앞으로 익명의 편지를 보내는 이도 있었는데, 투서는 곧 데스크의 손에 고스란히 넘겨지기 마련이었다.

그런 성가심이나 불편을 안고도 언젠가는 평이 제대로 정립되어야 할 것이다. 요새는 서평만 살아 있는 느낌이다. 리뷰 아닌 소개 수준으로.

어떤 분야를 막론하고 평에 대해 민감하기는 다 마찬가지지만, 미술과 음악은 객관적 기준을 정하기 막막하여 저마다 딴소리를 내기 알맞다. 때문에 평론가의 권위를 여간해서 믿으려 하지 않는다. 동아음악콩쿠르는 마침내 심사위원들의 채점표를 신문에 공개하는 선례까지 세웠다.

선례 중에는 현상금을 '고료'로 바꾼 것도 있다.

63년이었다. 동아일보가 파격적 액수인 50만 원의 현상금을 걸고 장편소설을 모집해서 이규희 씨의 『속솔이뜸의 댕이』(당선)와 이석봉 씨의 『빛이 쌓이는 해구』(가작)를 얻었다. 그런데 시상식 전에 세금 때문에 문제가 생겼다. 상금이 50만 원인데 세금이 근 20만원이나 나온 것이다. '현상금'이란 표제가 세법에 걸린 탓이다. 뒤늦게 안 사실이지만, 세법은 현상금을 경마장에서 마권이 당첨되었을 경우와 동일한 '불로소득'으로 다룬다고 했다. 그 사실이 부당하다는 투로 문화면에도 기사화되고 그 방면의 권위자인 서울법대 정광현 교수가 법조문을 따져가면서 응원사격을 해주었지만 소용없었다. 별 수 없이 세금은 세금대로 내고 사社에서는 그 소설들이 연재되는 동안 다달이 연재소설 고료를 따로 지불했다. 상금으로 끝나는 관례를 접고, 세금으로 떼인 만큼의 액수를 봉창해준 것이다.

그 뒤에 당선한 홍성원 씨의 『디데이의 병촌』, 최남백 씨의 『식민지』, 이태원 씨의 『객사』 등은 '고료'라는 표현을 붙여 세금을 덜 냈다. 지금은 모든 문학작품 모집이 이 선례를 따르고 있는 셈이다.

문화부 데스크에게 가장 즐거운 일은 남보다 앞서 좋은 기사를 발굴하는 일이지만, 그다지 핫뉴스에 접할 길이 없는 문화부는 좋은 필자를 얻는 것도 기쁨 중의 하나다. 적절한 예가 될지 모르겠으나 민국일보시절 손창섭 씨에게 『길』이라는, 그로서는 최초의 신문 연재소설을 부탁하여 성과를 거뒀다. 동아일보에 와서도 『부부』를 연재해주어 고마웠으며, 이호철 씨의 『서울은 만원이다』가 장안의 화제를 끌 때 나는 본인보다도 더 기뻤다.

그러나 못지않게 괜찮은 동료간의 화목을 또 들 수 있다. 민국시절엔 가불을 해서 매일 밤 술을 마시는 것도 모자라, 토요일 오후만 되면 일찍 일요판을 넘기고 전원이 경무대 뒷산으로 올라가 안동소주를 까기도 하고, 아예 시외버스를 타고 창동 막걸리집, 김포 웅어회 먹기로 줄창 나섰다. 경향, 동아에 와서도 그 버릇은 버리지 못했다.

그래서 남는 건 시시콜콜한 '일'보다 사람과 사람의 깊은 만남이라는 생각이 강하다.

후기

십수 년 만에 내는 산문집이다. 대부분 근자에 발표한 글들인데, 내 나름의 얘기 줄기를 세우기 위해 오래전 것과 새로 쓴 글도 몇 편 섞었다.

하다가 많아진 우리말과 글쓰기에 대한 서술이 객쩍다. 규모 있게 찬찬히 챙기기보다는 투정질하듯 변죽만 읊다 말았기 때문이다.

글도 어제 다르고 오늘 다르다. 말은 하물며 더하다. 이마에 예민한 센서를 달고 '날마다 빅뱅'에 대응하는 신진세력과 좌우대칭의 가녀린 더듬이로 일상의 변화를 겨우 감지하는 자의 차이는 어차피 심하다.

그런 판에 이런 산문집의 등장은 대체 무엇인가. 조잔한 글줄로 우세나 사랴. 그나마 팔 할이 스러진 옛 기억의 단편을 주워모은 것이다.

『나이 들수록 왜 시간은 빨리 흐르는가』의 저자 다우베 드라이스마에 따르면, 기억은 '마음 내키는 곳에 드러눕는 개'다. 사람의 명령을 잘 듣지 않고 제멋대로 논다는 의미다.

기억은 또 수수께끼 같은 자기만의 법칙을 따른다고 했다. 경찰이 수첩에 기록된 범죄자를 가려내듯, 하필이면 괴롭고 수치스러운 일을 반복해서 떠올리게 하는 수가 많다. 노년의 어린 시절을 마흔 살 때보다 더 선명히 기억하게 만드는 역순의 요술을 부리기도 한다.

거꾸로 오늘의 이 순간을 꼭 기억해야 한다고 다짐한다? 몇 달이 못 가, 아니 겨우 이틀만 지나도 그 순간의 색깔, 냄새, 향기를 자신이 원했던 만큼 생생히 기억하기 어렵다.

기억이 쏘삭거리는 이런저런 심술이 싫어 아예 망각을 작정한들 소용없다. 그럴수록 잠 안 오는 밤의 머리맡에 나타나 엉뚱한 수작을 부리려든다.

하필 괴롭고 수치스러운 일을 반복해서 떠올리게 하

는 것이 기억이라는 말은 맞다. 하지만 세월의 당의정이 그걸 부분적으로 미화하는 것도 사실이다. 그리움 따위와는 얼토당토않은 역설의 감정이다. 이런 느낌은 아마도 나 같은 자의 경우가 마지막일지 모르겠다. 아니 그럴 것이다.

책을 낼 때마다 확인하는 부끄러움은 이번이라고 예외가 아니다. 제 밑 들어 남 보이기식 언죽반죽을 웃어주시기 바란다.

양숙진 현대문학 사장과 출판팀 여러분에게 감사한다.

2006년 봄

최일남

어느 날 문득 손을 바라본다

지은이　　　　최일남
펴낸이　　　　양숙진

초판 1쇄 펴낸날　2006년 5월 30일

펴낸곳　　　　㈜현대문학
등록번호　　　제1-452호
주소　　　　　130-905 서울시 서초구 잠원동 41-10
전화　　　　　516-3770
팩스　　　　　516-5433
E-Mail　　　　book@hdmh.co.kr
홈페이지　　　www.hdmh.co.kr

찍은곳　대한교과서주식회사

© 2006, 최일남

값 9,000원

ISBN 89-7275-359-9　03810